CHINESE ANTIQUE GLASS

中國古玻璃

韓韓▲著

藝術家 出版社

文物生活系列 1

CHINESE ANTIQUE GLASS

文物生活系列

中國古玻璃

韓韓▲著

藝術家 出版社

▋目錄

● 序 ── 收藏・鑑賞・探索・研究 ……………………7

● 第一章：概說 ……………………………………10

● 第二章：蜻蜓眼珠管類 …………………………18

● 第三章：仿玉類 …………………………………30

玻璃璧／玻璃環、璜、珮／玻璃劍飾／玻璃帶鉤／玻璃九竅飾、握豬

● 第四章：日用品類 ……………56

玻璃帶板／玻璃容器／玻璃首飾

／玻璃珠／玻璃佩飾

● 第五章：陳設擺件類 ……109

玻璃擺件／玻璃印章

／玻璃肖生

● 第六章：**台灣古玻璃珠**⋯⋯⋯⋯⋯⋯136

● 第七章：**仿偽玻璃器物之辨認**⋯⋯⋯⋯⋯⋯⋯141
　　　　　仿質材者／仿年代者

　　　　　● 附表一 ⋯⋯⋯⋯⋯⋯⋯⋯⋯⋯146

　　　　　● 附表二 ⋯⋯⋯⋯⋯⋯⋯⋯⋯⋯154

● 參考資料 ⋯⋯⋯⋯⋯⋯⋯⋯⋯⋯⋯⋯⋯156

● 感謝的人 ⋯⋯⋯⋯⋯⋯⋯⋯⋯⋯⋯⋯⋯158

● 作者簡介 ⋯⋯⋯⋯⋯⋯⋯⋯⋯⋯⋯159

此書獻給 Ricardo Yang

序
收藏‧鑑賞‧探索‧研究

　　古代文物的收藏家們，關注的熱點是玉器、銅器、瓷器、金器、銀器、書畫等。致力於古玻璃的收藏家，少之又少。

　　這不奇怪。古代玻璃相對其他器物要少得多，都是小件物品，陳列觀賞性略差。

　　這很奇怪。既然是古物收藏，質料固然有其價值，更重要的是文化歷史價值。按我的理解，「古物」和「文物」不同，古物只有具備了文化歷史意義，才能稱之爲文物。文物的價值，應主要取決於它文化歷史意義。由此看來，古代玻璃沒引起收藏家的關注，就令人感到奇怪了。

　　對玻璃的認識，在古人和今人的眼裡相差巨大。現代玻璃製品比比皆是，成爲人們日常生活中常見之物。可是至少在宋代以前，中國的玻璃比玉、金銀還要珍貴。那些光亮透明、晶瑩潤澤的玻璃，令人感到神奇，甚至是無價之寶。中國人開始製造玻璃的歷史並不晚，據目前考古發現，春秋戰國或稍早就已出現，以後歷代能工巧匠總試圖製造出精美的產品。不幸的是，以製造青銅、陶瓷聞名世界的中國，在玻璃生產上屢屢失敗，舉步維艱，幾起幾落，遠遠落後於西亞、地中海地區。然而中國古代玻璃雖未興盛，也從未曾斷絕。各代零散的實物，連綴出一條朦朧、獨特的軌跡，述說著鮮爲人知的歷史。

　　與其他質料的文物相比，玻璃的發展演變頗爲特殊。它依附過玉石，模仿過瓷漆，學習過外國，也獨立發展，參與了豐富多彩的社會生活。更獨特的是，中國古代玻璃出現伊始，就與西方輸入的玻璃息息相關，「絲綢之路」宏大的歷史背景微妙地賦予它擔負起了

中西文化傳播的重任。正因為如此，幾乎被收藏家遺忘的中國古代玻璃格外珍貴，折射出往日世界的燦爛輝煌。

作為收藏，多注重古物質地和外貌，著眼於器物的幣值。隨時代的進步，古物的歷史文化內涵，逐漸成為遠見卓識的收藏家的價值取向。當古物與歷史文化真正聯繫在一起時，才更具有收藏的樂趣和意義。韓韓對收藏玻璃情有獨鍾，不光是獨闢蹊徑的睿智，也是自身文化底蘊深厚的選擇。而從事考古學研究、又對古玻璃偏愛的我來說，更有他鄉遇故知之感。

由收藏鑑賞到探索研究，是一個飛躍。我不能肯定這本書中公布的藏品，沒有一件是贋品，也不能斷定書中探索研究的結論都是正確的。如同其他學者們的論著一樣，隨著研究的深入，會有後人在此基礎上不斷地完善。但我知道，這部書的字裡行間透露出收藏家的謹慎、學者的嚴謹。在多年心血收集的大量器物中，去粗取精、去偽存真，花費大量時間去讀書、研究，最後為世人奉獻出成果結晶，實在難能可貴。

這部書與其他文物圖錄、著作不同的，不僅僅是圖文並茂展示了中國古玻璃的歷史。讀者會注意到，書中在介紹各類器物時，盡可能將這種器物的用途和發展演變進行敘述，擺脫了古物收藏、鑑賞的單一層次而進入到歷史文化意義的闡述。傳世收藏品在學術研究中最大的缺陷是沒有準確出土地點、地層依據、伴出器物的組合，但這本書努力將收藏品與發掘出土的同類器物進行了比較，科學的態度無疑使鑑賞性之外又增加了學術價值。

人們對古代玻璃的研究，很不盡人意。如果有興趣去查閱一下以

往的書籍，不難發現，琳琅滿目的古代文物圖書中，不要說有關玻璃的專著，涉及到玻璃的也極少，就連分類綜合講述中國古代文物的圖錄、甚至工具書，許多根本不提玻璃，即使提到也是輕輕帶過。而以科學發掘爲基礎的現代考古學，由於對古代玻璃的缺乏，發掘遺跡中偶爾獲得的碎小的玻璃片，常常以爲是後代擾亂混物略而不記。直到近二十年來在墓葬中發現了可以肯定未經擾亂、完整的玻璃器皿，人們才開始確信玻璃在考古學中扮演了重要的角色，出現了以玻璃爲探討對象的考古學論述。考古學家認識的深化，使古代玻璃在文物中的地位逐漸提高。簡言之，中國古代玻璃，春秋戰國多是些裝身首飾類物品，戰國後期至漢代，仿玉作品增多，南北朝以後，玻璃出現了獨立發展的趨勢。多樣化的器物種類，表現出玻璃逐漸向人們日常生活領域內的滲透。無論那個時代，玻璃都與當時包括身分等級、葬儀等禮制和日常生活緊密聯繫一起，從一個側面鉤畫、補充著歷史記錄的空白。

　　西晉詩人潘尼在《玻璃碗賦》中寫到：「覽方貢之彼珍，瑋茲碗之獨奇，濟流沙之絕險，越蔥嶺之峻危，其由來阻遠」，描述西方玻璃器歷經艱難險阻傳入中國的情況。本書韓韓對中國古玻璃由收藏、鑑賞到探索、研究，值得稱道。

北京大學考古系　齊東方

第 *1* 章：概說

本書要介紹的是被稱為「琉璃」、「玻璃」或「料」器的中國古代器物，由硅石鹼和石灰及其他原料，經過適當的調合、熔解製成的物質，歸屬於現代玻璃範疇中的硅酸鹽玻璃一類的。

中國最早有關玻璃的記載，可能是戰國時期寫的《尚書・禹貢》。這本書中提到一個新生名詞「瓊琳」。瓊琳何也？所謂瓊琳，本義指美玉，這裡被借為玻璃這種新生事物。玻璃器可能是中國古時候冶煉青銅器或煉丹時的副產品，偶然的機會中被提煉出來的。它看起來像玉，又不是玉。當時並沒有合適的名稱叫它，古人就借「瓊琳」來稱呼它了。

西漢以後，瓊琳一詞轉音為「流離」、「琉璃」。漢書中璧流離和流離指的是同一樣東西，是一件天然礦石。東漢王充在《論衡》中提到「道人消爍五石，作五色之玉」，是製作人工琉璃最早的

◆戰國　凸眼蜻蜓珠　直徑 2.6 厘米，凸眼部位 0.5 厘米。

◆遼　鳥形珮
長 8.2 厘米，
寬 1.8 厘米。

資料。琉璃這個名稱一直延用到明代。另外，在晉代有稱玻璃爲「藥玉」的，元代又出現「瓘玉」一詞。亦有稱之作五色玉、水玉、水精、硝子、瓘子玉、燒料等，不一而足。

　　正式出現玻璃一詞是始自南北朝時代，有頗瓈、玻黎、毗琉璃等叫法。南北朝西域大量傳入鈉鈣玻璃，晶瑩剔透，令中國人讚嘆不已，稱之「番玻璃」。自南北朝以降，「琉璃」、「玻璃」二詞，同時出現在中國百姓日常生活當中，有人以爲：一般透明似水晶的爲玻璃，透明度差而光澤接近釉彩的叫琉璃。有些研究陶瓷的人士喜歡將釉陶器一律稱爲琉璃，以爲凡琉璃者即一種先燒好素胎再施琉璃釉再低溫燒成的釉陶品，這種說法，可能將琉璃一詞解釋得

過於狹義了。事實上，自魏晉南北朝以來，翻譯印度佛經，就喜歡「琉璃」、「玻璃」等字句併用。甚至更早的琉璃蟬、琉璃璧以及以後的琉璃屏風、琉璃扉、琉璃硯匣，都不可能是所謂釉陶器，而是指玻璃器。琉璃這個名稱到了清代以後，方才不是指玻璃器，而是專門指低溫彩陶所燒成的釉面磚瓦。在清代末期，真正的玻璃器反被稱爲「料」器。

　　中國古玻璃的成分非常複雜。初期多屬於低熔點的鉛鋇玻璃。進入南北朝後，大量傳入了西域的鈉鈣玻璃，這就形成了中國玻璃的兩大系統－－鉛鋇系統（$PbO-BaO-SiO_2$）與鈉鈣系統（Na_2O ～$CaO-SiO_2$）。大抵而言，鉛鋇玻璃多低溫燒製，質地易碎而脆，顏色鮮艷，但用於日常用品極少（因爲不能盛熱

◆宋　小杯　口徑 4 厘米，高 1.8 厘米。

水）；鈉鈣玻璃顏色不及前者鮮艷，但它與銀器、瓷器一樣，可以成為日用生活品，因而啓開了玻璃史上另一個新階段。學術界有人完全以成份來區分何者為中國自產，何者為西亞或地中海的舶來品，認為鉛鋇為中國本土玻璃，鈉鈣則為西方玻璃。這種分類法，也有不少人持不同的意見，倒底要如何具體對待！目前還是莫衷一是。

譬如說，大抵隋唐以後到清，是鈉鈣玻璃的發展期。這是因為南北朝大量引進西方鈉鈣玻璃的結果。但是，是不是在這以前以鉛鋇系統為主流的中國就沒有鈉鈣玻璃了呢？又不盡然。

像春秋末期、戰國初期的河南固始侯古堆一號出土的三顆蜻蜓眼珠，以及河南輝縣出土的吳王夫差劍、湖北江陵出土的越王勾踐劍，兩者劍格上之透明及半透明的玻璃塊，經化驗之後，都是屬於鈉鈣玻璃。這幾塊玻璃迄今沒有可靠的證據說是舶來品，因此極有可能是當時中國高級工匠為貴族特別所造的精品。

總結中國已知的古玻璃配方，竟有鉛鋇、高鉛、鈉（鹼）、鉀、鈉鈣等五種成份類別；也可以說，中國古玻璃的配方，常出現一種極大的隨意性、動蕩性，質地異常複雜多變。總而言之，在鉛鋇玻璃和鈉鈣玻璃兩大系統下，中國古代玻璃質地其實並沒有一個統一穩定的配方成份。目前對古代玻璃研究所能取得的共識是，在中國古代既有自產玻璃，也有外來品（或者採用外來配方自製玻璃）。對於中國自產玻璃起源於何時，較能接受的是源起西周或源起於戰國（註一）。至於外來玻璃是什麼時期傳入中國，如何傳入，路徑、方式怎樣，目前尚沒有統一的定論。同時，由於中國至今尚未有任何元末以前的玻璃窯址被發現，對於歷代玻璃器的分佈和發展，自然無法像陶瓷一樣做有系統的橫切面及縱切面的研究，這是頗為遺憾的。

◆宋—明　翠綠帶板塊　長 4.3 厘米，寬 3 厘米，厚 0.6 厘米。

註一：**西周源起說**：一九七二年洛陽龐家溝西周墓葬發現穿孔之玻璃珠；一九七六年陝西
　　　寶雞茹家莊墓葬中發掘出上千件西周之玻璃管珠片，經檢測含有鉛鋇成分；以及山
　　　東曲阜魯國故城西周墓葬發掘的玻璃珠三顆，形制與圓孔不規整，珠壁厚薄不一，
　　　可說是中國最早的尚在蹣跚學步的玻璃製品，因此有人認為西周為中國玻璃最早的
　　　燒製時間。（但也有人認為它們與真正的玻璃差別較大，只能稱「原始玻璃」。）
　　　戰國源起說：春秋末期、戰國初期出現了符合玻璃定義的玻璃製品。鑲在越王勾踐
　　　劍上之二塊淺藍色半透明玻璃片及吳王夫差劍上三塊無色透明的玻璃片在在都是證
　　　明。考古專家認為，春秋末期、戰國初期的青銅冶鑄等手工藝水準已頗為精湛，玻
　　　璃熔點所需要的 1300℃－1350℃的溫度條件已夠具備，爐具及材料配備亦可克服。
　　　玻璃可能由冶煉青銅的礦渣混合黏土低溫溶煉而成，被認為是中國本土玻璃的濫觴。

●中國玻璃的非主流地位

不少人觀察到，中國人愛玉，日本人
及西方人愛玻璃。因之東瀛、歐美有關
玻璃（包括分類、製造、產地、沿革）
的圖書唾手可得，比比皆是。反觀中國
大陸、香港或台灣，市面上對於古玉的
書籍，汗牛充棟、琳瑯滿目；可是有關
中國古代玻璃方面的書籍資料，卻寥寥
可數。偶爾看到一篇論文或一段考古記
錄，都顯得特別稀奇珍貴。尤其，至今
仍舊沒有一本有系統的中國古代玻璃史
出現。

在中國，玻璃過去一直沒有受到重視
似乎是個不爭事實。何以至此！值得我
們去關切。

中國的古玻璃器物，不論出土或傳世
的數量，相對於其他文物，如陶瓷器、
青銅器、金銀器、玉器、繪畫、書法……
等，都少得很多。廿世紀六〇年代以降，
雖然大量玻璃器出土後，各方開始著手
投入對古代玻璃的質料化驗，原料成份
組合，燒造設備，成型工藝之產地分析，
歷史延革等加以研究，可惜所掌握的相
關資料仍欠缺完整性，因此無法像其他
文物般建立起完整系統的發展序列。加
上前面所說的，有不少非中國製造的外
來玻璃，時空問題的混淆不清，無法徹
底總結清楚，以致對於中國古代玻璃的

◆元　珠　直徑 3 厘米，口徑 0.8 厘米。(上圖)
◆西漢　七竅飾　口琀長 4.5 厘米，最寬 2.8 厘米
（右頁圖）

鑒定帶來了許多不定因素及困難。

沒有大量文物可以反覆比對研究，是
研究中國玻璃史者心中的痛。沒有公認
的系統玻璃史，對於玻璃愛好收藏者無
疑像是瞎子摸象。

玻璃文物相對其他文物之稀少，有其
歷史原因。玻璃易碎，無法與青銅器、
玉器一樣，可以千百年不壞，此是原因
之一。真正的原因，是玻璃器在中國工
藝史上的不發達，不受重視，比較少走
入民間有莫大關係。

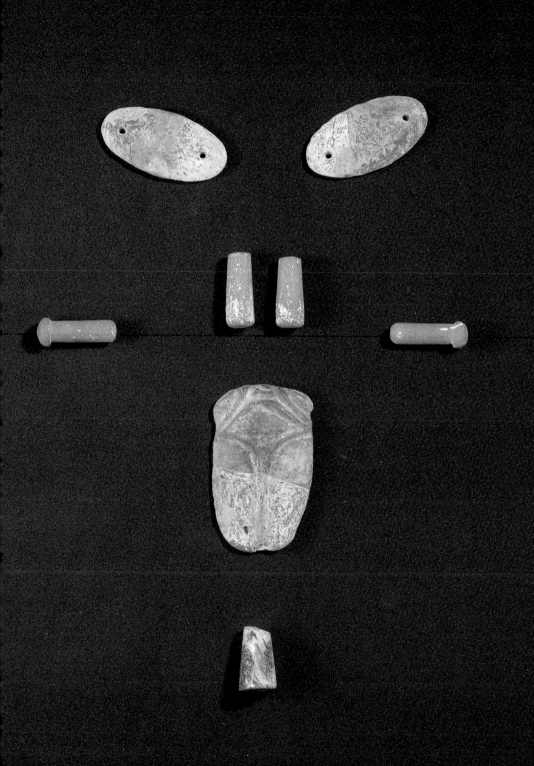

◆元　五瓣形珠　直徑 2.3 厘米。

為何中國古代玻璃無法大量走入民間？這必需要從中國玻璃質材和生產技術兩方面去探討原因。中國南北朝以前多採用鉛鋇玻璃，質輕易脆，不耐高溫，根本無法當作日常用品，因此西周到漢代的琉璃器多用於裝飾及墓葬用。北京大學齊東方教授認為：漢代出土的幾件玻璃器皿，在製作技術上採用青銅器等常用的鑄造方法，器物厚重，而且易碎，作為日常生活用品，遠不及同時代的漆器等用起來實用。南北朝以降，中國引進了西方鈉鈣玻璃，但中國本土玻璃仍捨鈉鈣而由鉛鋇演變成高鉛或鹼玻璃。這種玻璃似乎也只成為王室或富豪大戶的奢侈品，並沒有大量進入百姓人家。這又與生產技術有關。

沈從文先生一九六〇年發表在《美術研究》的一篇文章＜玻璃工業的歷史探討＞，對此有精闢獨到的見解。他認為任何一種技藝，其生產的發展和社會多數應用的要求有密切關係，甚而有些部門的生產，常和其他部門的生產相互制約。以早期玻璃和陶器比較，技術處理遠比陶器困難，應用價值卻又不如陶器高，這是當時透明琉璃不容易向應用器物發展的原因。

到了隋唐時期，雖然唐代社會生產力蓬勃，玻璃製作有了嶄新的發展，但是就玻璃和薄質紗羅做比較，也有相同情況。中國薄紗製造技術成熟，輕柔如霧，質地細薄，一般作燈籠，糊窗子，使用紗羅早已成為社會習慣。紗羅具有種種便利條件，價格又遠比玻璃低廉。這恐是玻璃在唐代不容易得到發展的一個原因。

沈從文先生認為：這種質輕細緻又結實的輕紗薄絹，甚至影響到中國造紙工業。「五代以來，雖有澄心堂紙之生產，但在繪畫應用上，卻始終不能完全代替細絹的地位。」

中國玻璃手工業在唐宋以後，從來就沒有成為老百姓日常用品的主流。比如武則天時代，高及十丈百丈的燈，還全是以薄紗糊就；玻璃，不過是燈旁四角的流蘇點綴罷了。唐宋況且如此，更遑

◆清　霏雪地鼻煙壺　左、高 5.6 厘米，肚徑 4.8 厘米。（左）
　清　倭爪釀料蝴蝶鼻煙壺　右、高 5.4 厘米，肚徑 4.4 厘米。（右）

論其他年代了。

　　總的來說，唐宋是中國古代玻璃器的大發展期，到了清三代，尤其三代中雍正及乾隆時期，中國古代玻璃達到頂峰。這一漫漫數千年的發展史中，玻璃器的生產忽興忽衰，並不是一直向上發展的。即使在其頂峰期清乾隆時期，它的地位也遠遠不及玉器、瓷器、書畫等。

　　可是，如果從另一角度來看，就是因爲玻璃器自古在中國是一種奢侈品，並沒有大量進入尋常百姓家中，幾千年後的今日，中國玻璃器的價值自然節節上升，顯得特別稀有珍貴起來。

　　本書即是在這種文史參考資料不足，實物器型不規整的情況下，勉力寫出。根據手邊出土及傳世的古玻璃器實物，筆者嘗試著將中國古代玻璃器型分爲四大類：即蜻蜓眼珠管類、仿玉類、生活用具類及陳設擺件類等四種，以就教於研究、蒐藏及喜愛中國古玻璃器物的前輩先進們。

第 *2* 章：蜻蜓眼珠管類

專門從事研究古代玻璃器、現在擔任中國社會科學院考古研究室主任兼西安唐城隊隊長安家瑤教授曾指出：「對中國來說，研究春秋末期、戰國初期蜻蜓眼玻璃珠的產生，似可探討出中國古代玻璃的起源。」蜻蜓眼玻璃珠在中國玻璃歷史上的重要性，由此可見一斑。以下是安教授的看法：

◆西漢　蜻蜓眼珠　直徑 2.4 厘米（上圖）
◆戰國　蜻蜓眼珠　左、直徑 2 厘米，孔徑 1.4 厘米。（右頁上圖）
◆公元前二—五世紀　蜻蜓眼珠　直徑 1.5 厘米，類似西亞玻璃工藝風格。（右頁中左圖）
◆春秋末—戰國初　蜻蜓眼珠　長 2.4 厘米 寬 2 厘米（右頁中右圖）
◆戰國　蜻蜓眼珠　下緣中央珠直徑 0.8 厘米（右頁下圖）

◆戰國　蜻蜓眼管飾　長 5.4 厘米，
直徑0.8 厘米。

公元前二五○○年人造玻璃首次出現
於西亞及埃及，最早的用途是製造珠
飾，先是出現單色玻璃，一千年後又出
現彩色玻璃。公元前十五世紀玻璃珠上
開始有彩斑條紋或點狀圖案。公元前十
世紀，在玻璃珠母體上鑲同心圓，製造
出「眼睛」效果的鑲嵌玻璃終於在地中
海沿岸出現。

這種鑲嵌玻璃珠是指在單色玻璃珠母
體上嵌進另外一種或幾種不同於母體的
玻璃，而構成美麗的圖案。這種圖案多
呈同心圓，一環套　環，有類似眼睛的
效果，因此它的英文名字叫「複合眼
珠」。這是「眼睛文化」的產物，「眼
睛文化」據說發源於西亞或印度，相信
眼睛有避邪功能的這種信仰，多盛行於
從事畜牧的草原民族，在游牧民族遷徙
的路途中，身上佩戴這種鑲嵌玻璃珠，
一方面可以避邪，一方面隨時都可以用
來交換所需之物。

這種鑲了「複合眼珠」的玻璃珠，進
入中國後，即為俗稱「蜻蜓眼」之玻璃
珠。

中國中原地區與西亞雖然相隔數萬
里，但在公元前二千年到一千年的銅器
時代，東西文明之間活躍著許多游牧民
族，他們往來於漫漫中西沙漠地帶，玻
璃色彩美麗，便於隨身攜帶，游牧民族

◆公元前二─五世紀　蜻蜓眼珠　直徑１厘米
　類似西亞或東地中海玻璃工藝風格（右頁左上圖）
◆戰國　方塊狀蜻蜓眼珠　每顆長２厘米，寬
　1.2 厘米。（右頁右上圖）
◆戰國　蜻蜓眼珠　每顆直徑 1.8 厘米（右頁中圖）
◆戰國　蜻蜓眼珠　右小，直徑２厘米，口徑
　0.6 厘米。（右頁下圖）

將這種鑲嵌玻璃珠由西亞帶入中國是完全有可能的。

近年中國考古學家在新疆輪台群巴克發掘了公元前八至九世紀的墓葬群，出土了不少蜻蜓眼珠，與伊朗吉蘭州以及中國中原地區春秋戰國的蜻蜓眼珠非常相似，進一步證明了公元前一千年或略早，蜻蜓眼珠由游牧民族從西亞經絲綢之路傳入中國。值得一提的是：在西亞由單色玻璃到鑲嵌玻璃要經過漫長的一千年歲月，但中國的情況卻非如此，鑲嵌玻璃與單色玻璃塊同時出現在春秋戰國時期，其間並沒有任何發展過程。鑲嵌玻璃的突然出現，只能用貿易品來解釋。

這種彩色繽紛、燦爛奪目的西亞玻璃珠受到當時中國王公貴族的極度喜愛。因爲這個緣故，當時在中國產生了高度的社會需求，導致中原玻璃藝匠開始利用本地原料進行仿製，以氧化鉛和氧化鋇替代蘇打，製造出與西亞、地中海東岸地區配方不同，也就是含鉛鋇成分的蜻蜓眼玻璃珠，此即爲中國本土玻璃眼珠的濫觴。

當然這也不排除由隨同游放民族東遷經商的玻璃藝匠移師中原，就地取材製造了中國蜻蜓眼珠的可能。但也有若干學者對上述推論不表贊同，認爲曾侯乙

◆戰國　蜻蜓眼管飾　長 6 厘米，直徑 0.6 厘米。（左頁上圖）
◆公元前二世紀─公元一世紀　蜻蜓眼管飾　高 2.2 厘米，直徑 0.8 厘米，類似西亞玻璃工藝風格。
　　（左頁下圖）
◆戰國　七曜紋珠　右、直徑 1.6 厘米（左上圖）
　西漢　蜻蜓眼珠　中、直徑 1 厘米
　戰國　蜻蜓眼珠　左、直徑 1.6 厘米
◆戰國　蜻蜓眼珠　又稱費恩斯眼珠，串長 20 厘米，33 顆。（右上圖）
◆公元前一─三世紀　釉陶眼珠　長 2.8 厘米，寬 2 厘米，類似西亞玻璃工藝風格。（左下圖）
◆戰國　方塊形蜻蜓眼珠　長 2.6 厘米，寬 1.1 厘米，高 1.1 厘米。（右下圖）

墓出土的蜻蜓眼珠，雖然不含鉛鋇成份（成份經化驗爲蘇打，與西亞玻璃成份相同），但此墓出土了一七三顆蜻蜓眼珠，數量如此之多，很難確定是全部進口的還是有部分是國內仿造的。無論如何，春秋末期、戰國初期的蜻蜓眼珠，應是中國中原地區玻璃藝匠利用青銅的礦渣混黏土冶煉而製造出來的新品玻璃珠，堪稱爲中國蜻蜓眼玻璃珠之起源，是無庸置疑的。

春秋末期、戰國初期玻璃眼珠多爲類球形，並不規整，有的像扁方形或扁鼓形。尺寸比較小，絕大多數直徑不足二厘米，一般多在一到一‧五厘米之間。

◆戰國　釉陶眼珠串　串長 49.2 厘米，37 顆（左頁圖）

◆公元前二—五世紀　蜻蜓眼珠　長 2 厘米，寬 1.4 厘米，孔徑 0.3 厘米，類似西亞玻璃工藝風格。（右上圖）

◆公元前二世紀到公元一世紀　蜻蜓眼珠　直徑 2.5 厘米，類似西亞玻璃工藝風格。（左上圖）

◆西漢　蜻蜓眼珠　直徑 1.1 厘米（右下圖）

◆西漢　蜻蜓眼珠　長 2.5 厘米，寬 1.5 厘米。（左下圖）

◆公元前一——二世紀　蜻蜓眼珠　直徑 2.6 厘米，口徑 0.8 厘米，類似西亞玻璃工藝風格。

珠地多爲綠、藍或黃色，母體均半透明。其飾紋簡單，採用西亞常用的幾何圖案，與同期中國玉器或金屬器物上傳統的雲紋、蟠螭紋和龍、璧邪等圖樣大不相同。蜻蜓眼珠的紋飾風格是獨樹一幟的，也可說偏於西亞風味，其主題都只是同心圓。同心圓一般爲三層，也有多達五、六層的。以平嵌手法嵌入，中心點爲深藍色，外層則褐白相間或藍白相間。嵌入之眼與珠地渾然一體，不突出也不易脫落。

此一時期的蜻蜓眼墓葬有：山西長治分山嶺 270 號墓，山東臨淄郎家莊 1 號墓，洛陽中州西工路基、河南固始侯古堆墓和湖北隨縣曾侯乙墓等。

安家瑤教授認爲在戰國中、晚期從各地墓葬出土的蜻蜓眼珠數量，要比春秋末期或戰國初期增加許多；出土的地區也擴大由早期集中在河南、山東、湖北等地遍及全中國各角落。墓葬級別也下降，可以發現陪葬蜻蜓眼珠的主人身份也由原屬皇公貴族階層，往下進入一般

◆ 戰國 蜻蜓眼珠 左、直徑 2.4 厘米 清 蜻蜓眼珠 右、直徑 2.2 厘米

官吏和平民等中等階層的生活領域。

戰國晚期的蜻蜓眼珠有別於春秋末期或戰國早期，尺寸稍大，直徑大約二厘米，手工愈加精堪。顏色雖沒什麼突破，仍為不透明之白、藍、褐、土黃色。但其紋飾絢爛多姿，極富變化，圓圈紋或凸起或剔刻，嵌入之同心圓有意突出珠子的母體，造成鼓眼的效果；也有「眼」的白色輪廓以「祈月」形成替同心圓，造成斜視的效果，使「眼」益加生動傳神。

有別於過去「眼」之平嵌式，現在進入凸嵌式，相信此時製珠之粘貼手法已達相當純熟的地步，可以做到在玻璃溶液將凝未凝的瞬間迅速連粘出複雜的圖案。圖案除了「眼」外，還有幾何紋和以連點設計出之網格紋。同時，以三個或七個圓點組成花形圖案之設計亦大為流行。嵌入的圖案尚有單圓、同心圓、多層同心圓以及西亞的七曜紋等等，真正令人目不暇給。

玻璃眼珠與蜻蜓眼玻璃管，仍是戰國時期玻璃器主要品種之一，但其形狀與前期相比較似有所改變。蜻蜓眼玻璃珠形狀除圓球形、扁圓形外，出現了六邊鼓形、八稜形、棗核形、方糖形等多種形狀。諸如山東曲阜魯國故城五十二號墓出土的就有八稜形蜻蜓眼珠。另外，玻璃管也與蜻蜓眼珠一樣，也嵌有同心圓及幾何圖案的，安家瑤教授稱之為「蜻蜓眼管飾」。最近有一件出土的絲織品，上面即懸掛著一隻管飾的蜻蜓眼。據齊東方教授考證：戰國時期的蜻蜓眼珠多出土於中國的甘肅、河北、山西、山東、

◆公元前二─五紀　蜻蜓眼珠　長 2 厘米，直
徑 1.4 厘米。類似西亞玻璃工藝風格。（上圖）
◆六曜紋蜻蜓眼珠，全透明，直徑 2.4 厘米，口
徑 1.3 厘米（下圖左）蜻蜓眼珠，直徑 2.6 厘米
，口徑 1.4 厘米。（下圖右）

河南、湖北、湖南、四川、廣東、廣西、
青海、新疆等地。這種珠子出土時絕大
多數位於墓葬屍骨的頭至腰部之間，可
見是當時人們身上佩帶的貴重飾物。此
外，還有與錢幣等同置於漆盒內作珍貴

物品隨葬的。

　可以說，戰國中晚期的蜻蜓眼無論在
紋飾與成份（鉛鋇），都已獨樹一格，
在世界上是非常獨特的。這種中國製造
混合中國本土和西亞風格的蜻蜓眼，不
論製作工藝及其豐富的圖案設計，早已
超過同一時期西方的玻璃眼珠，可謂青
出於藍，勝於藍了。難怪近年來愈來愈
受到古董收藏家的鍾愛。

　令人惋惜的是，盛行於戰國中、晚期
的蜻蜓眼珠只延續到西漢初期。這種讓
人愛不釋手的珠子，只在初期稍有出
現，以後便告消失無蹤，起而代之的是
單色球形玻璃珠。早期考古學者探究其
原因，有的認為：

　一、外來技藝中斷，僱自西亞或隨游
牧民族東來的玻璃工匠未將其技藝留下
而失傳。

　二、開始自西亞等地引進透明彩色玻
璃。

　根據安家瑤教授的看法，她認為蜻蜓
眼玻璃珠的消失，與其興起原因相仿，
是社會需求力轉變的結果。由於仿玉的
玻璃器興起，人們對玻璃仿玉器的喜好
逐漸取代了原先對蜻蜓眼珠的喜好，以
致蜻蜓眼玻璃珠終於沒落消失。

　戰國中晚期蜻蜓眼玻璃珠同時存在
的，還有一種釉陶眼珠（一般亦稱陶胎

◆戰國　釉陶眼珠　左、直徑 1.8 厘米

眼珠）。這種釉陶眼珠外表與蜻蜓眼玻璃珠非常相似，但唯珠子母體不是玻璃，而是塗以厚釉的陶土。這種釉陶器一般採用二次燒成，即先燒好素胎，再施彩釉（以含鐵、銅、錳的物質爲著色劑，配以石英製成），而後低溫燒成。有人將這種釉陶眼珠稱爲琉璃珠，這種以陶爲胎，在其上面繪以各種鮮豔玻璃粉，再入窯燒製成各色的珠子，我們還是寧願以釉陶眼珠稱之，而不把它歸類爲琉璃。此類釉陶眼珠應是蜻蜓眼玻璃珠的仿製品，它的紋飾與戰國中晚期的蜻蜓眼極爲相似，也多是同心圓與幾何紋飾的圖案組合。

比起蜻蜓眼玻璃珠，它色彩比玻璃眼珠更鮮明，顆粒尤大。在北京歷史博物館常年展出的一顆釉陶眼珠，直徑 7 到 8 厘米，真可謂釉陶眼珠之王子。目前在歐美國家中，收藏戰國時期釉陶眼珠最有名的是倫敦大英博物館，以及美國堪薩斯州尼爾遜美術館的一個彩繪陶蓋罐。

註：本文參考安家瑤教授

　　1990 年發表於「沙漠路線考察烏魯木齊國際討論會」之論文＜十世紀的絲綢之路和東西文化交流＞一文。

　　1994 年發表於香港文匯報＜蜻蜓眼：中國玻璃的起源＞一文。

第 *3* 章：仿玉類

◆春秋─戰國　璧　直徑 11.5 厘米，孔徑 2.8 厘米，厚 0.3 厘米。

　　何謂仿玉類，簡而言之，就是以玻璃作爲玉器代用品者。早期的玻璃器仿玉器傾向十分嚴重。在漢以前，除了蜻蜓眼珠以外，幾乎大部分的玻璃器都是用來代替玉器的。當然，其中也有一些是仿漆器或仿銅器的，譬如已知最早的玻璃器皿是 1968 年河北滿城西漢中山靖王劉勝墓出土的玻璃耳杯和盤，耳杯的形制與當時流行的漆耳杯相同，盤的形制則與同期的銅、銀盤類似。

　　仿玉類玻璃器種類很多，又常常與生活用具類、陳設擺件類互爲借用，一件玻璃器即可能是陳設品，同時又可能兼具仿玉性質。

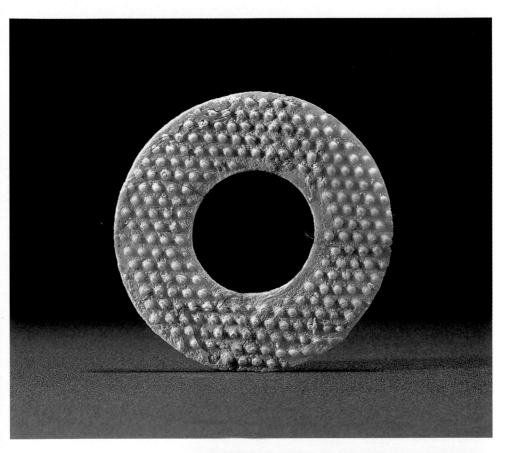

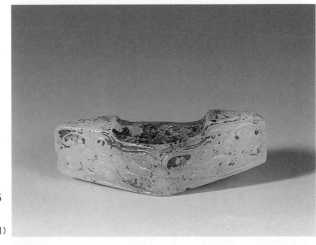

◆戰國　環　直徑 8 厘米，孔徑 3.5
　厘米，厚0.2 厘米。(上圖)
◆戰國　劍格　寬長 4.2 厘米。(右圖)

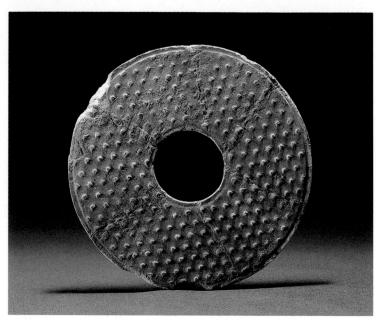

◆戰國 璧 直徑 12.5
　厘米，孔徑 2.6 厘米，
　厚 3.8 厘米。（左圖）
◆西漢 璧 直徑 13.8
　厘米，孔徑 5 厘米，
　厚 0.7 厘米。（右頁圖）

　　這一類器型包括玻璃璧、玻璃管、玻璃瑱（耳璫）、玻璃玲、玻璃耳塞、玻璃鼻塞、玻璃劍飾、玻璃璜、玻璃環、玻璃珮、玻璃蟬、玻璃矛、玻璃帶鉤、玻璃手鐲及部分玻璃珠等，甚而還有玻璃衣片。

　　1977 年在江蘇省邗江縣西漢「姜莫書」木槨墓中清理出玻璃衣片近六百片，這批玻璃衣片，大小不等，有長方形、梯形、三角形、圓形，衣片均有穿孔，用來穿線縫綴，很明顯的，這是仿照玉衣的形制而製造的玉衣代用品。玉衣是流行於西漢的一種殯葬形式，它有嚴格的等級區分，是屬於皇族和王族所專用的。因此玻璃衣片應是當時富有人家或低層官吏爲了避免越制之嫌，採用似玉之玻璃來享受殯葬儀式，以滿足個人需求的一種方法。

　　仿玉類玻璃器中，大部分器型都流行於戰國、兩漢，與玉器相關類型的流行年代基本吻合。例如璧、璜、環是流行於三代至兩漢的典型玉器器型。而在玻璃器中，戰國至兩漢時期的玻璃器就是以璧、璜、環類較多。隨著此類有時代特徵的玉器消失衰減，玻璃器的仿玉傾向也隨之消聲匿跡。因此就從器型演變入手來鑒定玻璃器的歸屬年代提供了準確的依據。

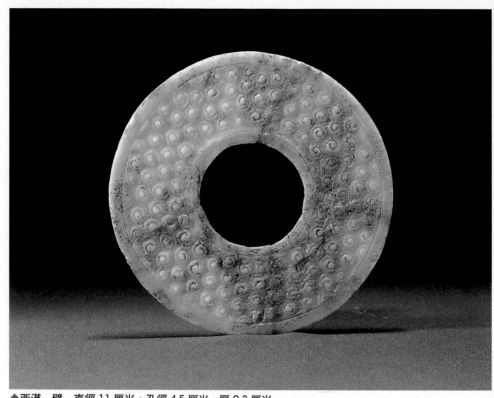

◆西漢　璧　直徑 11 厘米，孔徑 4.5 厘米，厚 0.3 厘米。

　　仿玉期的玻璃器大多採用範鑄法（模鑄法）。這是一種由製青銅器借鑒而來的方法，先將需要之器型製成陶模，然後將玻璃溶液注入其中，經過冷卻、剝模程序，是中國最早玻璃之成型工藝，一直延續下來，像兩漢時期的玻璃璧、玻璃耳瑱、玻璃帶鈎、玻璃玲、玻璃衣片、玻璃九竅、玻璃矛等等，一般均採用普通模鑄法。雖然脫胎於青銅器技術的失蠟鑄造法已經在戰國時期出現，但是只有極少數的器形才使用，尤其是早期使用更是少有。

一、玻璃璧

　　中國人愛玉。周禮中的「六瑞」— 璧、琮、圭、璋、琥、璜都是玉製品，其中玉璧更是六瑞之首，用以祭天。因而戰國時期的貴族多以玉璧陪葬，顯然，用玉璧陪葬是當時的習俗。在傳統玉璧之玉材不是唾手可得，玉之琢磨加工也

◆春秋─戰國　璧　直徑 12.5 厘米，孔徑 2.8 厘米，厚 0.6 厘米。

比較困難的情況下，仿玉玻璃璧的製造，即應運而生且勃然而興了。我們可以從玻璃璧出土最多的地區找到端倪，從戰國中期開始，湖南、安徽、福建和陝西都出土了玻璃璧，其中以湖南長沙市及附近的楚墓中發現最多。由於湖南不產玉，可見這批玻璃璧大都屬於玉器的代用品。

戰國時期仿玉玻璃璧，外表上有些幾乎已達到「以假亂真」的地步。這些以玻璃溶液注入範模鑄製而成的古代玻璃璧，多出土於中小墓葬。璧上所有的紋飾，如穀紋、渦紋、乳丁紋、蒲紋等一應俱全。顏色亦有淺綠、深綠、乳白、半黃或褐灰等，有些僅正面刻有紋飾，有些則正反兩面均有。早期的玻璃璧，體形較為厚大，紋路也較粗寬；進入後期，則璧體益薄小，而且璧紋也相對轉為細密，極具中國色彩。總而言之，戰國時期的玻璃璧，在造型或紋飾方面，

◆戰國—西漢　璜　直徑 4.2 厘米，寬 1 厘米。

與同代的玉璧基本相同，可以看出它完全是按照同期玉璧的特點製造的。

玻璃璧的用途，除作禮器或黏於銅鏡後面外，一般亦供殮葬用。諸如放入墓主身上、腋下或棺槨上。至於是否和玉璧一樣，也放在墓主屍體身下，因為玻璃璧不像玉璧那樣堅硬，容易碎裂，考古學者也沒有發現此種現象，所以尚待進一步考證。

目前中國大陸所有戰國時期出土的玻璃璧，已被測試的約有十餘件，全屬鉛鋇玻璃，與蜻蜓眼的配料大致相同。因此，吾人可以斷言：玻璃璧是道道地地的中國「本土」玻璃。

此時期製造的中國玻璃，因為受到材料及技術限制，屬於低溫燒造，易碎易腐，而且不耐高溫，因此鮮有製為器皿者，只能充為裝飾品或禮祭品。這在當時是缺點，到了今日，這種缺點反而變成是早期中國玻璃器的特點。也因為易碎的稀有性，到了接近二十一世紀的今天，碩果僅存的玻璃璧，其市場價格不但可以比美出土甚多的玉璧，且有逐漸超越之勢。

春秋戰國時期的玻璃製作技巧，已經涵蓋了鑄、纏、嵌等工藝技術，除了蜻蜓眼珠、玻璃璧以外，像玻璃劍飾（劍首、格、璏、珌）。到了漢代，漢人迷信玉可以使屍體不朽，葬玉大為風行，玉衣、竅塞、玉玲（蟬）、握玉（豬）等陪葬玉器流行的同時，仿玉陪葬玻璃器亦大量應運而生。我們可以從揚州市寶女墩出土了二千片玻璃衣片和江蘇甘泉山西漢貴族墓出土的六百片玻璃衣片窺見一斑。

公元前一千年或更早些，游牧民族自西亞沿絲路帶來了西方蜻蜓眼玻璃珠，聰明的中國人以本土材料鉛與鋇製造了仿西方蜻蜓眼的中國蜻蜓眼珠，然中國蜻蜓眼珠的外觀與形制仍十分的西方化。所幸的是，春秋戰國時期中國玻璃的生產方式及形制，後來並沒有僅停留在仿製西方產品上，而是逐漸發展出一套屬於中國傳統文化的仿玉玻璃。我們稱此時期為中國玻璃器之「仿玉期」。

◆西漢　璧　直徑 13.8 厘米，孔徑 5 厘米，厚 0.3 厘米。

　　如果說，中國玻璃史中，從春秋戰國開始的玻璃璧是進入仿玉期之濫殤，應是無庸置疑的。

（按：瑞典斯德哥爾摩遠東博物館與美國麻州劍橋福格博物館均收藏有中國玻璃璧）。

二、玻璃環、璜、珮

　　相對於古人，當今人們選用珮飾的標準總是比較客觀，多著眼於飾物的幣值和外貌。相反地，古代人們則對珮飾，有著眼強烈的文化象徵意義，尤其像避邪擋煞的護身作用，才是古人認為最重要的。

　　玻璃珮飾大部分係仿玉器品，其種類和款式在歷經每一朝代隨著生活習俗、禮制的變遷而有不同程度的流行。

◆西漢　環　直徑 5.6 厘米，內徑 2.6 厘米。

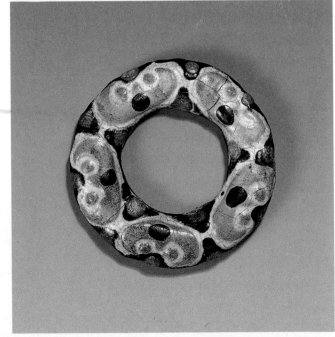

◆公元二─三世紀　左、直徑
　4.4 厘米，內徑 2.9 厘米。類
　似東地中海玻璃工藝風格。
　（上圖）

◆戰國　環　直徑 4.2 厘米，內
　徑 2.1 厘米。（右圖）

玻璃環係戰國時期仿玉製品之一，與玻璃玦、玻璃璜同為佩掛在身上的玻璃飾物。通常內徑大於好徑的稱璧，內徑與好徑相等稱環。然而，出土實物並非完全有此嚴格的比例限制。

玻璃環的用途如今莫衷一是，若干考古學者甚而認為玻璃環可能是墓葬主人的手鐲，因為發現墓葬中有將玻璃環套在死者臂上。但也有一派學者認為它也可能只用來作防腐和祈福，並非真的套在手上作手鐲，一般手鐲均是環體滾圓或方圓形，與玻璃環形制並不一致，其真正的用途待考。

玻璃璜係仿玉璜的玻璃珮飾，形狀有板狀和柱狀，猶是二分之一或三分之一的玻璃璧（環），通常中間打孔或兩端各打一個孔，以利繫掛。

◆唐—宋　環　左、直徑 3.2
　厘米，厚 0.4 厘米。右、紅
　色環、係玻璃或瑪瑙（待考）
　。（左頁上圖）
◆漢　環　直徑 4.2 厘米，
　內徑 0.8 厘米。（左頁中圖）
◆清　環　直徑 6 厘米。
　（左頁下圖）
◆明—清　交頭雁珮　直徑7.6
　厘米，高 5.8 厘米。（上圖）
◆宋—元　環　直徑 4.2 厘米
　，內徑 0.8 厘米。（下圖）

三、玻璃劍飾

玻璃劍飾如同玻璃璧，係屬於古代玻璃仿玉器物的主要器型。它們以仿玉或其他金屬器物的造型特色而煉造。

玻璃劍飾開始出現於戰國中期，盛行於戰國晚期，延續到西漢初期，到了東漢開始衰敗，進而消聲匿跡。明清時期出現一些仿製品，器品精細。

玻璃劍飾的器型本身從開始出現到消失並沒有比較明顯的變化。至於它的紋飾，如同玻璃璧是中國傳統的紋樣。戰國中期的玻璃劍飾大多飾谷紋和雲紋，晚期飾柿蒂紋、蟠螭紋和獸面紋。

劍飾是劍上的裝飾品，計有劍首、劍

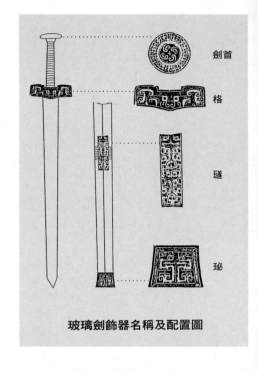

劍首

格

璲

珌

玻璃劍飾器名稱及配置圖

◆清　劍格　長 5.4 厘米，寬 1 厘米。

◆戰國　劍首　直徑 4.5 厘米。
（上圖）
◆戰國　劍首　直徑 4.4 厘米。
（下圖）

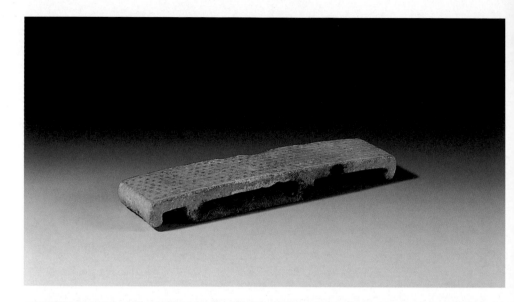

◆戰國　劍璏　長 10.8 厘米，寬 2.4 厘米，厚 1.2 厘米。（上圖）
◆西漢　劍璏　長 9.2 厘米，寬 2.7 厘米，厚 1.2 厘米。（下圖）

◆戰國　劍璏　寬長 3.8 厘米，高 2 厘米。

格、劍璏和劍珌等四項，分別飾於劍身和劍鞘的相應部位，並具代表各自不同的意義和作用：

　　劍首位於劍柄頂端，一般劍首上端略大於下端，較小的一端有穿孔，用以安插劍柄。戰國時期的劍首圓而薄，形如玉璧，中央微凸起。漢代劍首比戰國時期大些，仍以扁平圓形爲主，棱角較柔和，背光無素紋，正面比背面的直徑略大，形成斜坡狀，正面紋飾與戰國時期相同，中央淺而寬的圓槽，有跳刀和毛口痕跡。

　　劍格係金屬劍柄和劍身之間的裝飾品。戰國中期的劍格兩端呈橢圓形，器體中央有一四邊槽孔，以便利劍柄嵌之，起「護手」之作用。

　　戰國晚期和漢代的劍格，正中部逐漸凸起，有脊如鼻，中部穿孔，有長方形、菱形或橢圓形等，大多是兩面雕琢，一面浮雕饕餮紋，另一面淺浮雕雲紋。漢代以後的劍格不再出現。明清時期坊間有仿古製品出現。

　　劍璏係安裝在劍鞘中部偏上用以穿帶供佩劍使用。楚人又稱「劍珥」。它的

出現時間大致與劍首時間相同，流行於
戰國中晚期，飾谷紋和雲紋的稍早、飾
蟠螭紋和獸面紋的較晚。

　戰國時期劍璏大部分是長方形，從側
面看來似花樣冰刀狀，方狀大孔係用來
穿孔繩繫於劍鞘上，其作用是將劍鞘掛
在身上。漢代劍璏體積加大，璏面的弧
度亦告消失，變成板平式。

　劍珌又稱劍鞘末飾，位於劍鞘末端，
出現時間在戰國中晚期，到西漢仍然流
行，惟墓葬發掘出土者較少。漢書《王
莽傳》記載：「佩刀之飾，上曰琫，下
曰珌」，指明劍珌在劍飾上的部位。其

◆戰國　劍珌　最寬處 3.8 厘米，高 2.6 厘米。
（上圖）
◆戰國　劍珌　寬 3.6 厘米，高 2.4 厘米。（下圖）

器型大部分呈不規則長方形或梯形，橫
斷面作梯形，短頭沖上，寬端沖下，插
接於劍鞘上，主要具裝飾作用，也可能
有束緊劍鞘下端的作用。

　　上述劍飾在各部位的用途說明已相當
清楚，但是，玻璃劍飾既為裝飾用，究
竟是實用之物抑或是專供作明器？依據
考古學者在湖南古墓發掘出土的玻璃劍
飾加以判斷，其中有只出土玻璃劍首而
無劍者，掘出玻璃劍璏亦無劍者，出劍
首、劍璏卻無劍身，同時亦有發現玻璃
劍首、劍璏與銅、鐵劍一同出土者。這
些玻璃劍飾肯定都是實用器，間接可以
推論劍飾在當時是實用品，當然也以置
於劍上視作明器。

　　在湖南地區出土的劍飾品中，常見玉
劍首、劍格、劍璏及劍珌。但是以玻璃
作為劍飾，主要集中在楚國一地，並以
長沙為生產中心。在使用時間上，僅僅
在戰國中晚期的短時期內流行。

　　古人以玉材料鑲在劍上，主要在顯耀
其地位身份。由於大部分地區不產玉，
尤其長沙以南地帶，若干地位較低的士
大夫或平民，得玉不易，因而藝匠就能
將乳白色玻璃做的像羊脂玉，墨綠色的
玻璃像碧玉。這可能與製造玻璃所使用
的原料有關。據考古學者指出：當時人
們在生產玻璃時加入晶石等原料，以降

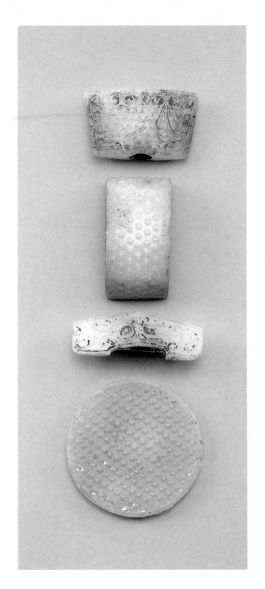

◆戰國　整套劍飾。

◆戰國　龍形鎏金玻璃帶鉤，長 16 公分，寬 4.6 公分。(上圖)
◆漢　帶鉤　長 6 厘米，肚徑 3.6 厘米。(右頁圖)

低熔化的溫度和增加玻璃光澤，導致若干玻璃器呈乳白色。這無疑是先人智慧的結晶呢！

　　值得一提的是玻璃劍飾獨特性，部分玻璃劍飾是玻璃器上所獨有。大體來說，玻璃劍飾與玉器劍飾上的谷紋相同，但是其中的「柿蒂紋」、「獸面紋」和「龍紋」則在同一時期的玉器劍飾或其他金屬物上比較少見或根本未曾見過。以龍紋而言，在戰國時期的漆器、銅鏡、紡織品等器物上時常看到，但是玻璃劍首和劍璏上的龍紋，其龍首呈三角形，雙眼圓睜，或回首或俯首，與銅鏡、漆器上的龍紋作出昂首、張口、露齒者大不相同。而龍身亦作波浪形彎曲狀，與戰國時期常見金屬品龍紋亦有區別。

（按：國外博物館諸如瑞典斯德哥爾摩遠東博物館、倫敦大英博物館及日本天理大學天理參考館均藏有中國玻璃劍飾）。

　　另外，在湖南長沙西漢墓出土了與玻璃劍飾接近的玻璃矛，它雖屬於兵器之一，但此矛不具實用性，似為禮儀活動中供作儀仗之用。

四、玻璃帶鉤

　　仿玉期中玻璃帶鉤也是很典型的玻璃器物。

　　中國帶飾的發展歷史甚為悠久。古籍史記曾記載：譽春秋之世的中國為「冠帶之邦」，顯示在紀元前第六世紀前後，華夏族已開始頂冠束帶了。

　　過去研究中國服飾史的學者，常說中國古代的帶鉤是戰國趙武靈王推行胡服

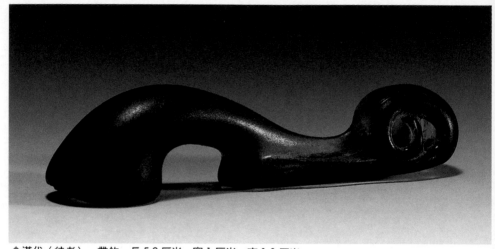

◆漢代（待考） 帶鉤 長 5.2 厘米，寬 1 厘米，高 1.3 厘米。

騎射，從胡服中吸收過來的。此說在時間上推算似乎太勉強。因爲趙武靈王已是戰國中期的人物，家喻戶曉的管仲射中齊桓公帶鉤的故事，都早發生於春秋中期。其實，早在西周晚期、春秋早期，華夏民族即採用銅帶鉤固定革帶，用鉤勾住革帶一端之環或孔，既方便又美觀，已是當時十分流行的穿著。

帶鉤是帶飾中較早流行的飾物。它是一種束腰皮帶的掛鉤，大部分是長條形或琵琶形，形式雖多有變化，但鉤體都作 S 形，下面有柱。帶鉤由鉤首、鉤體和鉤鈕等三個部位組成，其底部的柱，柱端有一鈕，用以插入腰帶割開之口；插入後鉤的頭端面下，可以懸掛物件，是實用品又是裝飾品。

春秋戰國時期的墓葬曾出土相當多的金屬帶鉤，形制大小都有，紋飾多彩，造材和工藝頗具水準。此時期的墓葬，通常一座墓出土帶鉤一件，這些出土的帶鉤，材質有玉的、金銀的、青銅的和鐵的，1951 年河南輝縣固圍村第五十八號戰國墓出土的包金嵌玻璃帶鉤，長 18.4 厘米，寬 4.9 厘米，呈琵琶形底，銀托面包金，組合浮雕獸首，兩側纏著二龍，二端至鉤端合爲龍首，鉤背嵌三穀紋白玉玦，兩端玦中則嵌有玻璃珠，玲瓏剔透，包金鑲玉， 文飾繁華，雍容華貴，目前由中國歷史博物館珍藏，是舉世聞名的珍貴文物。

西漢以前，充其量只發現金屬質材帶鉤上鑲有玻璃片塊或玻璃片之帶鉤，真

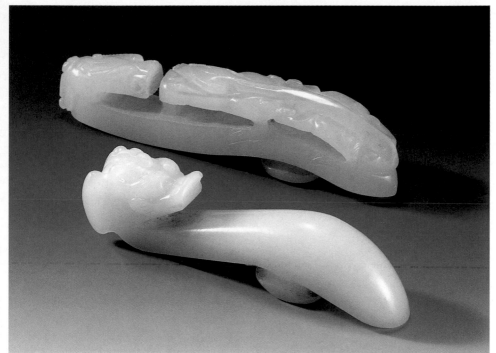

◆清　蒼龍教子帶鉤　下、長5.8厘米。

正以玻璃為質料製成的帶鉤則應始於西漢時期。最早被發現的玻璃質材帶鉤出土於廣州淘金坑之西漢墓葬。此件玻璃帶鉤，外型呈深綠色，鉤體成弓形，橫斷面為橢圓形，由於鉤體本身嚴重蝕化，鉤身已碎裂成顆粒狀。另外，考古學者在廣州市西漢墓葬掘出一件長約7.8厘米的深綠色玻璃帶鉤，器體彎曲如鉤，為扁平狀，全器光素無紋飾。

上述兩件出土玻璃帶鉤足以說明在西漢已有仿玉玻璃帶鉤器物，也反映出西漢玻璃工藝的製作水準。自從漢室在紀元五十五年頒下詔書，將帶鉤從宮服飾中剔除後，玻璃帶鉤亦隨著金屬帶鉤之沒落而逐漸消失了。從漢代到隋代，傳統帶鉤日漸式微，趨向於使用小型帶鉤，可謂帶鉤之轉變過渡期。

帶鉤在宋代又重新出現，多用在絲帶上，束在袍外，有稱之縧鉤者，明萬歷定陵即有出土。另外，史載嚴嵩家抄出過五十九個帶鉤。清代仿古帶鉤又大為流行，做工則更為精巧繁複。

五、玻璃九竅飾、握豬

　　西漢玻璃繼承戰國時期的傳統，但出現了新的品種。蜻蜓眼珠西漢以後便消失不見了，代之以單色玻璃。同時出現了新的器型，如玻璃耳璫、玻璃帶鉤、玻璃玲和玻璃衣片，顯然與墓葬習俗有關。主人在墓葬時，早先是以黑布矇其頭部，隨後逐漸演變爲在黑布上挖孔，露出死者的眼、口、鼻、眉等部位，以便透氣。

　　春秋戰國時期人們開始迷信「金玉在九竅，則死人爲不朽」的說法。最後則變成將兩片眼簾、兩個耳塞、二個鼻塞、一個口玲以及下身前後排泄道以玉器加以覆蓋和填塞。據說此法可使屍體靈魂永垂不朽。此九塊覆蓋及填塞物被統稱爲「九竅」。

　　西漢以來，玻璃器出現的新器型，即玻璃九竅。最早發現玻璃九竅飾的是在陝西咸陽戰國墓葬。它是中國特有的玻璃飾物，也屬於仿玉器的一種。不論鼻塞、（按眼塞、口塞、耳塞：與長腰鼓形耳璫有別，爲葫蘆形，中無穿孔）及肛門、生殖器塞，皆屬簡單的小型體玻璃器物，各依其部位作象徵性形狀去置放。

　　玻璃九竅飾的放置方式各略有不同，耳塞、鼻塞、肛塞及口塞均直接塞入孔竅之中。眼蓋則覆蓋於雙目上。男性生

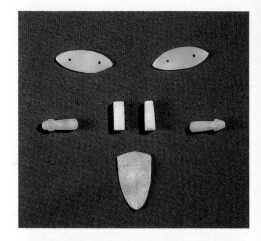

◆西漢　七竅飾　口玲長 3.6 厘米，最寬 2.4 厘米。（上圖）
◆戰國　肛門塞？（待考）　長 3.2 厘米，寬 1.5 厘米。（下圖）

殖器塞是將整個玻璃片套在外陰上；女性生殖器塞的形狀和置放方式，大致與耳鼻塞相同。

　　1.鼻塞：堵塞在死者鼻孔部位的玻璃飾，流行於漢代。造型略作圓錐體形，

細端弧圖，粗端平齊。通體磨光，製作簡單。

2.耳瑱（塞）：堵塞在死者耳孔的玻璃飾，多呈八棱長方形，一端細一端粗，通體磨光。西漢頗爲流行。

3.眼蓋：覆蓋在死者眼部的玻璃片飾。多作尖角長方形，表面微鼓，面無紋飾，製作單純。流行於西漢。

4.肛門塞：堵塞死者肛門的玻璃飾，以防人體養氣外泄，保持靈魂不散，流行於西漢。

5.玻璃玲：玲原爲葬玉的一種，有彈頭式、柱式和蟬形等式樣。玻璃玲目前

◆西漢　蟬　長 4.6 厘米，頭最寬 2.8 厘米。
（上圖）
◆西漢　玲　一組，左、長 5.4 厘米，頭最寬 3 厘米。（下圖）

只見到有蟬形。例如河南洛陽燒溝墓出土的東漢玻璃琀，用較粗的陰線刻劃出基本形制，頭部用棗核狀陰線分出頭頸，兩條相對的弧線分出雙翅，長 4.5 厘米，寬 2.6 厘米。近來因古玻璃逐漸被人炒作，市面上出現不少新仿玻璃琀蟬，收藏者不得不察。

漢代以玉葬之風大爲盛行，不但出現了玉衣裹屍，並把琀、握器定型爲玉蟬和玉豬。漢代在屍體口中放玉蟬，稱爲琀蟬。手中放玉豬，稱爲握豬。古人以豬代表財富，以豬爲握始於西漢中期以後。漢代的玉蟬、玉豬形象生動，直雕斜琢兼而有之，寥寥數十刀，頗得傳神。玉豬近人稱之「漢八刀」，形容其雕法簡練，別具一格。玻璃握豬爲仿玉玻璃器重要代表之一，可惜多數出土的玻璃豬多已風化鈣化，無法與玉豬一樣，可以在器物上欣賞到粗豪簡潔的「漢八刀」刻工。

◆戰國　生殖器塞？（待考）　右、長
　　寬 2.6 厘米。左、長 4.8 厘米，寬 2.1 厘米。
　（上圖）
◆漢　鼻塞　長 3 厘米，寬 1.2 厘米。（中圖）
◆戰國　握豬　長 9.2 厘米，寬 2.4 厘米，
　　高 3.8 厘米。（下圖）
◆西漢　琀　長 3.6 厘米，頭最寬 2.4 厘米。
　（右頁圖）

第 4 章：日用品類

◆公元五一九世紀　碗　一組。
　每個口徑 9.8 厘米，底座 5.2 厘米，高 5.2 厘米，類似西亞玻璃工藝風格。

　　古代玻璃器中，生活用具玻璃器所佔的比例較少，這是因為中國自產玻璃的特殊性質所導致。鉛鋇玻璃質輕易脆，不耐冷熱變化，不適於作為家際生活用具。另外，古代玻璃器出產數量不多，遠不及陶瓷那麼普及，比較難走入一般百姓家中也有關係。

　　西漢以前的東周墓葬中並沒有發現有關生活用具的玻璃器。春秋戰國時期，

蜻蜓眼珠類的玻璃裝飾品和仿玉類的玻璃器物仍佔出土玻璃器之大宗。西漢時期開始出現諸如玻璃碗、玻璃雙耳杯等等玻璃生活用具之玻璃器。諸如 1964 年廣州市文物單位整理一百餘座古墓，在一西漢木槨墓中發現三隻深藍色玻璃碗，這三隻玻璃碗特點是大口、平底，器壁較厚。1968 年河北滿城西漢中山靖王劉勝墓葬出土的玻璃雙耳杯，其口

徑 19.7 厘米，底徑 9.8 厘米，高 3.2
厘米，壁厚 0.3 厘米，呈翠綠色，盤口
沿外折，底部帶有僞圈足。西漢生活用
具玻璃器的出現是一大突破。我們可以
比較肯定的說，中國工人製造玻璃的技
術，由顆粒裝飾品而成小件雕刻品，至
晚在二千二百年前的戰國末期已經完
成。再進一步發展成日用飲食器物，二
千年前的西漢也已經成功。

　　《西京雜記》、《漢武故事》、《飛
燕外傳》、《胡琮別傳》，記載了早到
西漢，晚到三國時期，還使用三尺見方
板狀琉璃作小屏風敏燈用。換言之，中
國玻璃的應用，時間有可能早過二千
年。三國時期著名的敘事詩〈孔雀東南
飛〉就說及琉璃榻，傳咸中也提到有琉
璃枕、硯匣、筆床等各物。著名的筆記
小說《世說新語》，其中有記載「在晉
帝坐、北窗作琉璃扉，實密似疏」之語。

　　西晉末年，北邊羌胡游牧民族入侵中
國，漢文化中心的長安、洛陽受到蹂躪，
中國國土暫以長江爲界，一分爲二，這
就是歷史中的南北朝時期。長江以北經
長期的劇烈爭戰，白骨遍野，所有重要
生產文化全部遭嚴重破壞，玻璃製造技
術因此失傳。直到北魏拓跋氏統一北方
後，才又恢復生產。《北史》稱：「琉
璃製造久失傳，太武時天竺國人商販至

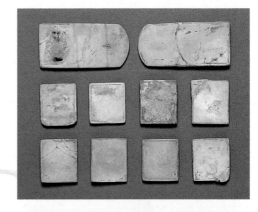

◆唐　帶板　10 片。（上圖）
◆唐　耳飾　長 2.2 厘米，寬 1.2 厘米。（下圖）

京自云能鑄五色琉璃。于是採礦山石于
京師鑄之。既成，光澤美於西方來者……
光色映澈，觀者見之莫不驚駭，以爲神
明所作。自此中國琉璃遂賤，人不復珍
之」。這段記載證實了，番琉璃正式進
入中國，中國玻璃邁進了一個轉折點。

　　值得注意的是，此時玻璃成份的改
變。在大量外國鈉鈣玻璃傳入的同時，
中國並沒有採用外來玻璃配方，只是在

傳統配方的基礎上產生了新的玻璃配方。原流行於周朝到漢代的鉛鋇玻璃，到此時其成份逐漸改變，其中氧化鋇成份逐漸降低，不含氧化鋇的玻璃開始出現。不含氧化鋇的玻璃叫高鉛玻璃，其中氧化鉛的成份有高達百分之六十者。這種改變也不是一蹴而幾的，大約經過了三國、西晉、東晉的過渡，而在魏晉南北朝的中晚期才改造完成。

高鉛玻璃和鹼玻璃是繼鉛鋇玻璃之後，中國興起的另種本土主要玻璃品種，這種新品種自魏晉南北朝之後一直延續到隋唐以至宋朝。陝西西安隋代李靜訓墓出土的玻璃盒，經螢光分析之後得之即為此種高鉛玻璃。另外，陝西耀縣照金公社出土的綠色玻璃瓶，它放在一個石函內，函蓋有篆書「大隋皇帝舍利寶塔銘」字樣；此件玻璃採用吹製法完成，器型屬於中國傳統造型，質地經化驗也是高鉛成份，都是屬於中國自行吹製的玻璃。

中國早期的玻璃器基本上都是實心器，中期以後出現了空心器而且逐步取代實心器成為玻璃器的主流。實心器與空心器有不同的成型方法，實心器成型方法很多，有範鑄法（前言有提及製作玻璃璧）、滴凝法、纏澆法（製作珠管類）、擰絲法等等。這幾種方法製成的

◆公元前一——二世紀　蝕花珠　左立、長 3.8 厘米，最寬 1.1 厘米，在新疆墓葬出土，類似西亞玻璃工藝風格。

◆秦或漢（待考）　佩飾　2片，各長6厘米，寬3.8厘米，厚0.3厘米。用途不詳，尚待考證。

器物大多僅限於器型較簡單者。

　　空心器的成型方法主要就是吹製，它是利用空氣的流動性、無所不在性和一定的壓力性，借助特製工具將玻璃溶液吹成空泡、而形成的一種專門工藝。它起源於歐洲和西亞地區，大約在南北朝時期傳入中國，成為南北朝以後玻璃產品的主要製造方法。

　　根據齊東方教授的分析歸納，此時期中國生產的玻璃器可分兩種：一種是在中國傳統工藝的基礎上發展而來的，另一種是受西方影響，用新技術生產的。

　　第一種玻璃器主要有西安市郊區隋代李靜訓墓出土的綠玻璃罐、卵形器和管形器，陝西耀縣隋代塔基出土的玻璃瓶，陝西三原縣唐代李壽墓出土的三件殘玻璃瓶，湖北鄖縣唐代李泰墓出土的黃玻璃瓶，甘肅涇川縣唐代塔基出土的舍利瓶，陝西西安市東郊唐代塔基出土的玻璃瓶，黑龍江寧安縣渤海國故都上京龍泉府遺址出土的舍利瓶。其成分主要是高鉛玻璃。

　　第二種玻璃器的成分和工藝技術雖與外國相近，但器物形態卻屬中國風格。北魏時期玻璃器以河北定縣北魏塔基出土的鉢、瓶、葫蘆形小瓶等七件器物為代表，造型比較簡單，均採用中國傳統的樣式，在陶瓷器皿中多見同樣的器

◆北魏　瓶　口徑 3 厘米，高 5.2 厘米，
　類似西亞玻璃工藝風格。

形。而器物製作卻採用吹製成形及粘貼
玻璃條技術，吸收了外來工藝技術。在
唐代玻璃器中，陝西三原縣唐代李壽墓
出土的二件玻璃瓶，其中翠綠色玻璃片
經化學分析屬高鉛玻璃。這些均屬於受
西方影響在中國製造的器物。

　　由於帶有羅馬、波斯薩珊風格的西亞
玻璃於此時期大量輸入中國，帶動中國
玻璃製造業起革命性的變化。魏晉南北
朝是古代玻璃器一大轉折期，不論其質
地、造型或工藝，都出現嶄新的氣象。
我們可以由遼寧省北燕時期馮素弗墓
葬、北京西晉華芳墓、江蘇南京象山七
號東晉墓、南京大學東晉墓、河北景縣
北魏封氏墓及寧夏固原北固李賢墓葬所
出土的玻璃器，都可以發現不論在質地

上、藝術特點和加工技術方面均與中國
傳統玻璃迥異。

　　這種新興玻璃的品質相對原來古玻璃
有明顯提昇。以往是「色甚光鮮，質則
輕脆，沃以熱酒，隨手破裂」，而現在
是「其可異者，雖百沸湯注之」，與瓷
銀無異，了不損動。自南北朝以後，玻
璃器物就再也不僅是裝飾或墓葬品，因
實用價值的提昇而增加了供富豪大戶或
王公貴族使用的功能。例如在晉朝，就
有汝南王亮以玻璃鐘來宴請公卿，有位
大富翁王濟，生活十分奢侈，還拿玻璃
器來裝豐盛的酒食菜饌。至於隋代，隋
官方收集的書畫卷軸，在其史誌記載
中，就有用各色玻璃作軸頭的，在在都
說明了南北朝以降，中國古玻璃做為日
用品的功能。

　　唐代由於社會生產力的發展，玻璃製
作也有了新的發展。根據《唐會要》和
《唐六典》記載，除了政府專設「專局」
主持全國廟宇裝飾的玻璃生產外，日用
器物中玻璃的使用，日益增多。像唐詩
人李白，在詩中每提及西涼葡萄酒必提
到夜光杯或琉璃鐘。另外琉璃窗、琉璃
扉也常出現於詩文中。但大件瓶盤還是
不多見。

　　又《唐六典》中有：「平民嫁女頭上
金銀釵許用琉璃塗飾」，可知天寶年間，

◆宋　珠　串長 13 厘米，54 顆。

當時一般小件琉璃應用普遍的程度。宋代亦復如此，總之，中國技工可能還是不能完全掌握大型玻璃器的燒造技術，當然這又與中國對瓷器和紗羅的絕對依賴有密切關係。

　　譬如唐代的青銅鏡工藝，已達到金屬工藝浮雕最高的水準，許多作品真可說是鬼斧神工，而當時的工人也已懂得把彩色琉璃鑲到銅鏡背後去，而且取得非凡的成功。可是唐代就沒有一個工人會想到把這種琉璃磨光，設法塗上磨鏡藥，即可造出玻璃鏡子。以致中國鏡子一直到一千年之後才生產出來；仔細分析，還是因為中國鑄銅鏡工藝的優秀傳統，已成習慣，可謂經濟又實惠，才根本沒考慮到其他取代方法。

　　玻璃若和陶瓷器、紗羅或銅鏡比起來，技術處理遠比它們困難，應用價值卻遠不如它們高，相信這是中國透明玻璃不容易向實用器物發展的主要原因。

一、玻璃帶板

近人常稱的「帶板」,其實指的是古人腰帶上之銙板。東漢晚期,西北游牧民族腰上革帶為了佩掛隨身用的小器具,在帶鞓上裝上「銙」和「環」。裝上銙和環後,就可以在銙環上再繫上附有帶鉤的小帶子,這種小帶子叫鞢韘,附有這種小帶子的革帶叫做鞢韘帶。

這種有銙有環有小帶鉤子的鞢韘帶,對於西北少數游牧民族,異常實用。因為他們居無定所,需要隨身攜帶弓、劍、磨刀石、火鐮、大方巾(帉)、小方巾(帨)、針筒等生活用具,這些生活用具用腰帶上的小帶子一一栓起來,帶得越齊全,使用越方便。

鞢韘帶南北朝時期傳入中原,至隋唐大為盛行。隋唐初期,漢民族沿襲原西北民族革帶特色,帶上鞢韘比較多。盛唐以後,西方游牧民族革帶上之鞢韘就較少。我們由西安唐永泰公主墓石槨的男裝宮女上,可以看當時宮女身上除了香囊和小銀鈴外,一般都不掛東西。唐畫中的官員頂多也只掛佩香囊和畫袋;可知鞢韘事實上已演變成一種不以實用為主的時髦打扮。至晚唐,漢族幾乎不在革帶上繫鞢韘,僅將帶銙留下當成純粹的裝飾品。

這種演變當是因西北民族和漢民族生活方式不同所致,漢民族本來過的是定居生活,不需要像游牧民族那樣到處流動,因而腰間如果東西帶得太多,非但不實用,反感到累贅。

到了晚唐,腰帶基本上由三部分組

◆唐　帶板　4片。

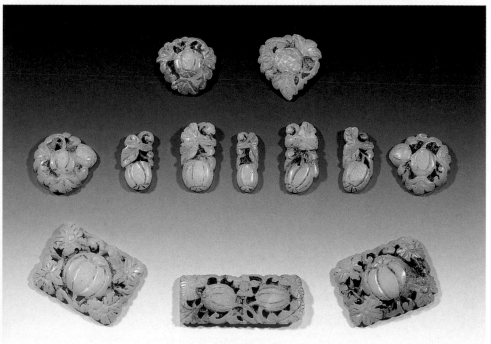

◆唐　帶板　12 片。器型與 1997 年在北京歷史博物館舉行「中國文物精華」展覽中所展出唐代金玉寶細帶類似。（上圖）

◆元　帶板　12 片。其突出的瓜果紋花飾，與元代青花瓷器所繪花果紋如出一轍。（下圖）

◆元　帶板　瓜果紋飾之細部。

成：

　　1.供扎帶銙的皮革或綢緞帶，古稱為「鞓」。

　　2.供扎腰帶側形如圭狀的鉈尾。

　　3.革帶上的板飾，古稱為「銙」，近代稱為「帶板」。

　　這種 鞓、鉈、銙組合的腰帶形式，一直延用到明，清人入關之前。清代改易服飾，帶板遂不再製作。

　　隋唐初期，以革帶上銙的質料和數目多少表示服用者身份高低，最高級的革帶裝十三銙，為皇帝和高級大臣所用，唐代以環、銙的數目稱帶，如「十三銙帶」，「九環帶」等。史載唐高祖曾以于闐新進貢的十三銙玉帶賜李靖，以賞賜他平蕭銑之功。銙帶的質料以玉質為首，另有金屬、石、玻璃等多種質材。目前所見最早的玉銙帶，現存陝西文物

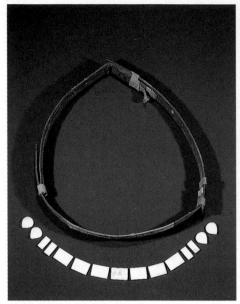

◆明　帶板　含革帶，15片。

考古研究所，為陝西咸陽墓葬出土之北周（南北朝最後王朝）驃騎大將軍一組二十二件九環玉帶。

　　自唐至明，玉帶成為玉器中一種較常見的品種，玻璃銙帶也應運而生。唐銙多為方形，邊稜稍為向內傾，呈面小底大狀，多體大厚實，與宋明時之玲瓏細薄，大不相同。

　　中國《文物參考資料》1951 年第二卷第九期記載，遼寧省義縣清河門西山村出土全套宋代玻璃帶銙一具，這套帶銙被稱為中國最早的玻璃帶板（銙）。但筆者手中擁有二套玻璃帶板，其體大厚實，面小底大，與唐代玉和金屬帶板

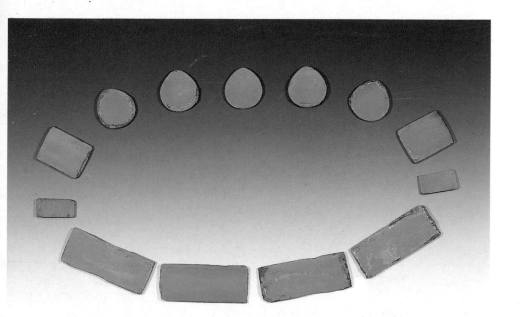

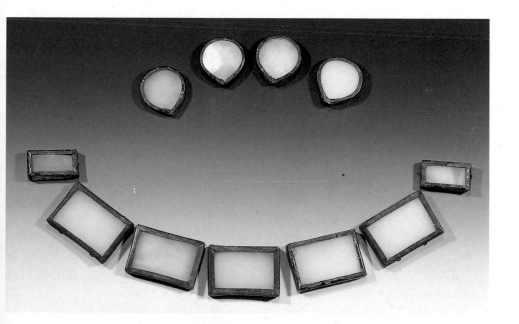

◆宋　帶板　13片。（上圖）
◆明　帶板　11片。（下圖）

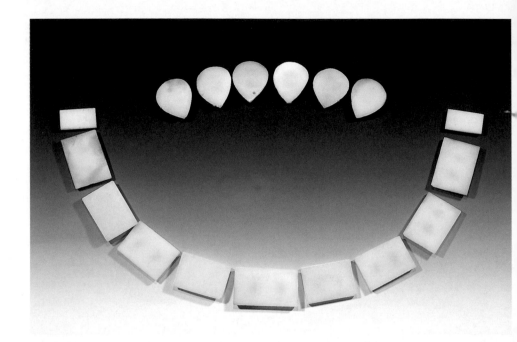

◆明　帶板　17片。（上圖）
◆唐─遼　帶板　15片。（下圖）

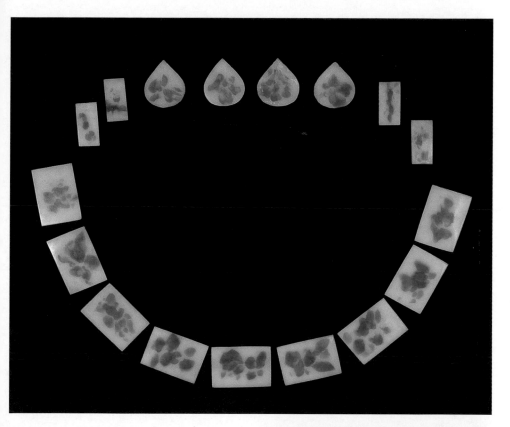

風格如出一轍，斷定應爲唐代作品。

　　帶板片數的多寡要看每一朝代的習俗和服飾款式而定，即使帶板上的雕紋，有時也會因墓葬主人的官階地位而有所差異。

　　明代玻璃帶板使用範圍未有顯著改變，大抵與玉帶板使用相仿類似。其型式設計都帶有漢民族的傳統氣息，流行著漢唐以來較爲少用的花鳥紋飾。明代中晚期之後的帶板數，一般是二十塊。明洪武二十六年定王之帶板爲二十塊

◆明　點翠帶板　17 片。(上圖)
◆宋　佩飾　7 片，每片直徑 1.8 厘米。(下圖)

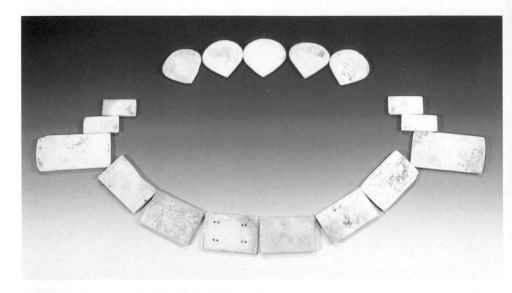

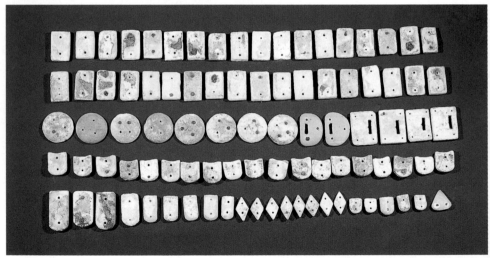

◆明　帶板　17片。（上圖）

◆宋─明　帶板94片。經考證後，極可能原爲官府作坊，因突然事件被埋沒入土，遺留下之整批窖藏
　帶板文物。（下圖）

（其中桃形六塊，長條四塊，餘皆長方
形，正中者方正），另鉈尾二。明代墓
葬出土的玉帶板，銙面有素面、透雕、
鑲嵌寶石等三種。此時期帶銙由橫矩
形，少量桃形及小豎條組成，早期多是
壓地、剔地局部鏤空的商浮雕。嘉靖以
後改爲減地，地子凹下一至三層不等，
在地子上鏤雕圖案，以襯出主要紋飾。

明代帶板上有雕刻龍紋飾者，僅供帝
王或經帝王特准者佩帶。官佩用猛獸
紋，文官則用禽鳥紋。其他帶板紋飾也
因使用場所之區別，有用花草、人物及
文字紋飾者。

二、玻璃容器

西漢墓葬中出現玻璃盤、玻璃耳杯是
中國玻璃史的一大突破。在西漢以前從
來沒有出現過可以盛裝物品的玻璃容
器。從此以後，玻璃陳設品和生活用具
逐漸佔據了玻璃器的主流。

東漢玻璃器繼續發展，出現了玻璃托
盤和高足玻璃杯。廣西合浦縣風門嶺東
漢墓出土一件弦紋圓底玻璃杯，口徑
9.2 厘米，圓口，圓底，腹部中間飾凸
弦紋三圈，內底中心向上隆起，猶如現
代玻璃底。通體湖藍色，呈半透明狀。
器身器泡多，並含雜質，惟器形規矩，
色澤勻淨。筆者曾於 1997 年在歷史博

◆宋—元　六角杯　口徑 6 厘米，高 4.6 厘米。
（上圖）

◆北魏　瓶　口徑 1.8 厘米，高 5.2 厘米，類似
西亞玻璃工藝風格。（下圖）

◆宋—元　六角杯　杯口向外緣，口徑 3.8 厘米，
　高 2.5 厘米。（上圖）
◆北魏　水洗　口徑 4.8 厘米，高 2.8 厘米，類
　似西亞玻璃工藝風格。（下圖）

物館展出之中國文物中見過，印象深
刻。

　中國吹製技術在北魏方開始出現。目
前可以確定的北魏時期，中國吹製玻璃
器有河北定縣北魏塔基所出土的玻璃
瓶，它的特徵是壁較薄，透明度較好，
但玻璃中含有較多的雜質、氣泡，光潔
度不佳，表面粗糙。上述中國早期吹製
玻璃的缺點一直到隋代才有所改變。可
以肯定的是北魏以後才有吹製技術，早
先東漢的容器仍然採用傳統的模鑄法，
沒法掌握到吹製玻璃的技法。

　隋唐的玻璃器主要是玻璃瓶、玻璃茶
具、玻璃杯等。例如唐・李商隱詩中即
有：「盡唱陽關無限疊，半杯松葉凍頗
梨」，即指出唐人曾以玻璃杯作酒具。
陝西西安市西郊隋代李靜訓出土了兩件
玻璃瓶，一是橢圓口，矮圈足，瓶高 12.3
厘米，口徑 3.8 厘米，足徑 4.9 厘米，
綠色，卷唇、鼓腹、溜肩、直頸；還有
一件大圓口，深直腹，矮圈足，表面為
淺綠色；另外前面曾提到在陝西有耀縣
照金公社發現的隋代皇帝用綠色玻璃
瓶。這三件是較被人熟知的隋代玻璃容
器，尤其第三件器壁極薄，光亮度很好，
一改南北朝中國吹製玻璃器粗糙的狀
況，表示隋代吹製技術已經達到很高的
水準。

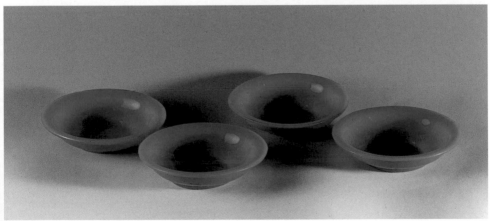

◆遼　葵花碗　口徑 9.4 厘米，高 3.5 厘米。(上圖)

◆明—清　碟　每個直徑 8 厘米，高 1.8 厘米。(下圖)

◆清　杯　口徑 4.7 厘米，高 2.2 厘米。類似西方玻璃工藝風格。（上圖）
◆宋　杯、瓶　左、口徑 3.6 厘米，高 9.2 厘米。（下圖）
◆唐　瓶　口徑 4 厘米，高 14 厘米，類似西亞或東地中海玻璃工藝風格。（右頁圖）

◆唐 缽 口徑 9.8
　厘米，高 5.2 厘米，
　類似西亞或東地中
　海玻璃工藝風格。
　（左圖）

◆公元五─九世紀 瓶
　口徑 1.8 厘米，高
　5.2 厘米，類似西亞
　玻璃工藝風格。
　（右頁圖）

　　唐代的玻璃器型基本上承繼了隋的傳統，但有佛教用玻璃器物的出現。除了供陳設用的玻璃器外（第五章將會介紹），還有供佛用的玻璃容器。陝西扶風法門寺的佛塔地宮中，發現的十八件精美琉璃器中有一件可能是中國本土製造的，此件素色淡黃茶托茶盞，造型與當時盛行的中國陶瓷茶具如出一轍，似為唐代中國玻璃容器代表作品之一。

　　宋代的玻璃為高鉛玻璃和鉀玻璃。玻璃容器方面比較傾向於實用性及民間性。有許多新的形制出現。其中以玻璃瓶數量最多，式樣最繁複。瓶的尺寸較小，有葫蘆瓶、長頸瓶、四聯瓶、膽形瓶等多種造型。葫蘆瓶的數量最多，河北定縣靜志寺與淨眾院均有出土。這種葫蘆瓶中不少內盛裝小沙粒狀的舍利子，也有的開蓋後散發出香氣，原為裝香料之用。這些瓶大都無模吹製而成，器壁較薄，色有浮白、淡青、黃綠等，形體不大，只有四厘米左右，經過 X 光和化學定量分析，都屬鉛玻璃，是中國本土生產的。1998 年初曾在日本東京及大阪出光美術館展出，轟動一時。

　　宋代的玻璃器出土地點幾乎遍佈中國。北宋時期有河北定縣靜志寺塔基出土的玻璃碗、葫蘆瓶等十件，淨眾寺塔基出土的四聯瓶、細頸瓶、碗、葫蘆瓶

◆清　杯　每個口徑 5.2 厘米，高 3.4 厘米。（上圖）

◆北魏　杓？（待考）　口徑 4 厘米，高 3.8 厘米，類似西亞玻璃工藝風格。（下圖）

等三十餘件。江蘇連雲港海清寺出土的
北宋葫蘆瓶三件，河南鄭州福勝地宮出
土的紫紅色葫蘆瓶等四件，以及南宋浙
江寧波天封塔出土的瓶二件等等，不論
文獻記載和出土實物都證實南、北宋時
期玻璃數量、種類都較多。

根據齊東方教授的考證，新疆若羌縣
瓦石峽遺址發現了大量玻璃殘片，經拼
對多為長頸瓶，種類單一，同時還發現
一些似為玻璃廢料，似乎是一處玻璃作
坊。如果這個推測不誤，「瓦石峽的遺
跡」很可能是中國已知最早的一個玻璃
作坊遺址。

到了元代，文獻記載元代設立了稱為
「瓘玉局」的官辦玻璃作坊。另外在山
東博山也發現元末、明初的玻璃作坊遺
址。雖有官方主持玻璃燒造，但產量卻
不大。元明時期出土的玻璃器和傳世容
器比較少見，以致較難予推論當時玻璃
器物發展的實況。其間在文獻記載上比
較重要出土的元代玻璃器物，為甘肅漳
縣汪世顯家族墓中的玻璃蓮花杯。明代
出土者則有山東梁山的玻璃杯和北京護
國寺、天寧寺分別出土的玻璃盤碗等。

清代的玻璃器進入歷史高峰期，容後
在陳設擺件類時詳述。

◆唐　茶托、盞　素面、淡黃色。
　（陝西扶風法門寺存藏）（上圖）
◆北宋　葫蘆瓶　左、高 4.4 厘米
　（河北定州博物館存藏）（中圖）
◆北宋　鳥形物　高 6 厘米
　（河南密縣文化館存藏）（下圖）

◆北宋　葡萄　長 16 厘米（河北定州博物館存藏）〈上圖〉
◆北魏　缽　口徑 6.2 厘米，高 3.6 厘米，類似西亞玻璃工藝風格。〈下左圖〉
◆北魏　盤　口徑 6.4 厘米，底座 4.8 厘米，高 3.8 厘米，類似西亞玻璃工藝風格。〈下右圖〉

三、玻璃首飾

狹義的玻璃首飾是指頭上所戴的玻璃裝飾品，諸如冠冕、簪、釵、耳璫等，泛指則包括一般飾物，如手鐲、斑指、項鍊等。

隋唐以前墓葬出土的玻璃首飾品，以玻璃耳璫、耳玦較多。隋唐以後，玻璃首飾所顯現出來的趨勢是各種飾以生活中常見紋路的首飾器物，使人感到親切優美，同時以隱起、陰勒和鏤空等技法碾琢成器，使其玲瓏剔透。

五代、遼末時期，北方遼墓和南方宋墓曾分別出現大量的玻璃裝飾品。但自明初起傳世或出土的玻璃首飾已較少出現。

到了清代，各類玻璃首飾又逐漸流行。此一時期最具代表性的是玻璃手鐲，但最有獨創性的是斑指飾物。

從玻璃首飾的器型大致可分類如後：

● 1.玻璃手鐲

中國文字記載最早出現的玻璃手鐲大約在隋唐時代。唐代以後，西亞精美的玻璃手鐲開始輸入，中國方才漸漸有了自產的本土玻璃手鐲。玻璃手鐲常出現

◆宋—明　手鐲　一對，每隻直徑 7.8 厘米，內徑 6 厘米。

◆**清 手鐲** 右、直徑 7 厘米，內徑 5.4 厘米。
（上圖）
◆**宋 手鐲** 右、直徑 7 厘米，內徑 5.8 厘米。
　清 手鐲 左、直徑 6.8 厘米，內徑 5.6 厘米。
（中圖）
◆**公元七—九世紀 手鐲** 左、直徑 7.8 厘米，
　內徑 6.8 厘米，類似西亞玻璃工藝風格。（下圖）

於金代墓葬。如遼寧省鞍山市陶官氏金代遺址出土的玻璃手鐲兩段，伴同出土的還有銅簪。明末清初出土的玻璃手鐲較多，樣式繁雜，計有雙龍首形、白素面、青素色、黑套料等，作法細膩，光澤柔和。

● 2.玻璃髮簪、釵

玻璃髮簪是偯髮用具之一。通常將頭髮梳理成一定形狀，再用簪插入髮中，以起固定和裝飾的雙重作用。

漢代男士們一般將長髮在頭頂束成髮髻，用簪固定；文士們頭所插的「白筆」簪，實際上是從當時文官攜筆上朝時用來插於耳邊髮際的習俗演變而來。由筆尖不醮黑轉變爲純粹裝飾用。

從唐代開始，婦女們盛行梳高髻，《唐六典》卷四說：「平民嫁女頭上金銀釵，許用琉璃塗飾」，可見當時小件琉璃應用的普及程度。至於玻璃簪釵的紋飾，

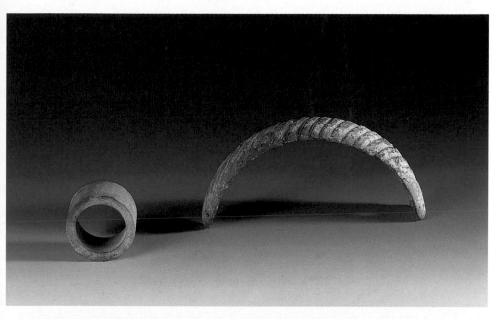

◆遼、金　髮簪　左、直徑 1.7 厘米。　右、直徑 5.8 厘米。（上圖）

◆遼　髮簪　寬長 7.2 厘米，小洞口徑 0.8 厘米。（下圖）

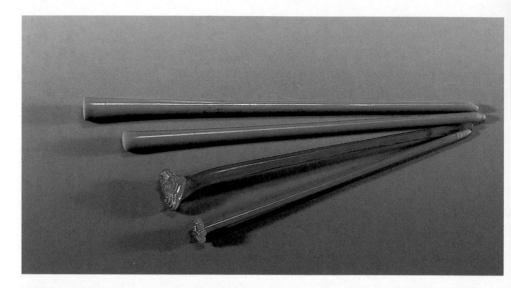

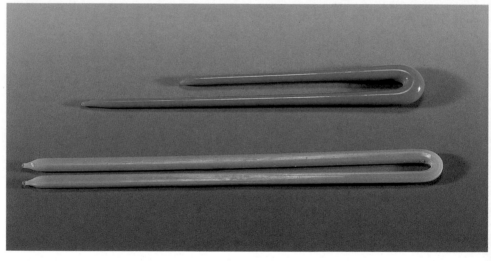

◆宋　釵　下、長18厘米。（上圖）
◆宋　折股釵　下、長16.4厘米。（下圖）

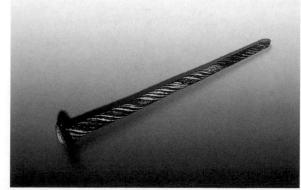

◆遼　手鐲　直徑 5.2 厘米，口徑 4.4
　厘米。(上圖)
◆遼　釘　長 13.5 厘米。(下圖)

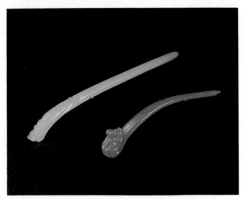

◆遼、宋　釵，綠色，長 10.2 厘米（上）
　白玉色，長 15.6 厘米（下）

是取材各種自然景物，常見的有花卉圖
案，或將花卉、美人結合成優美的組合。

　　到了宋代，玻璃釵、玻璃簪、玻璃手
鐲是這個時期的一種流行形制。相對於

玻璃手鐲多出於金墓，玻璃釵、玻璃簪
則多出於宋墓。從宋墓大量出土婦女髮
簪及髮釵，足以反映出當時玻璃器的通
俗化。如福建省南平大鳳宋墓出土的湖
藍色玻璃釵，釵體紬圓光亮，色澤鮮艷；
江西臨川墓葬出土的玻璃釵，質地屬高
鉛和鉀鈉玻璃。另外江西南豐縣桑田出
土的玻璃簪則扁平長條，發出孔雀藍
光；浙江衢州市墓葬出土之玻璃簪則是
一端略尖，另一端粗而平頂；足以顯示
出宋代玻璃首飾已走向實用性。

● 3.玻璃戒指、斑指

　　在考古發現中僅有的一件老玻璃戒指
是在湖南長沙市的隋墓出土。該戒指是

◆清　斑指　金星玻璃，直徑 3.2 厘米，內徑 2.6 厘米。

藍色，直徑 2.2 厘米，小圓環狀，其中一側稍高。隋代以後，玻璃戒指在墓葬中尚未見有其他發掘出土的記載。

在清代人們喜用斑指作為扣弦器，套在手指上用來扣弦，防止弓弦拉傷皮肉。後來演變流行將斑指戴上，以作為首飾用的裝飾品。玻璃斑指適時在這個時候出現，並創造出各種鮮艷顏色，與內灑金（又稱金星玻璃）等各類斑指，供人把玩欣賞。

● 4.玻璃耳璫

耳璫為一種懸掛於耳朵上的飾物，穿耳施珠曰「璫」。到目前多數人將耳璫與耳瑱（塞）混為一談，錯將耳瑱（塞）視為耳璫。

耳璫早在新石器時代，玉器中就已出

◆唐　鉤珠　長 2.7 厘米，寬 0.9 厘米。墓葬出土，其用途待考。日本、朝鮮亦有出土。

現這種形制，並沿續到漢末。玻璃耳璫出現於西漢，結束於東漢。一般為喇叭狀或束腰鼓形狀。也就是兩端較大，中間束腰，兩頭平切，形如喇叭或腰鼓的耳飾。耳璫與耳瑱不同的是，其中間必有孔對穿，以利懸掛之用。

西漢時期，河北、遼寧、內蒙、陝西、

◆西漢　耳璫　右、口徑 1.2 厘米，高 1.6 厘米。

◆宋　耳飾　長 2.4 厘米，寬 1.4 厘米。(上圖)
◆明一清　珠扣　左下角珠，高 1 厘米，肚徑 0.7 厘米。(下圖)

◆遼　耳飾　長 3.2 厘米，最寬處 2 厘米。

甘肅、河南、湖北、湖南、四川、貴州等地之墓葬中均有出現。數量上東漢玻璃耳璫較多。它大都出現在墓葬死者之頭部兩邊附近，亦有離死者六十厘米左右遠的，多與串珠玉石為伍。有的墓葬是單數出土，往往一座墓僅出現一個，或三個耳璫，可見耳璫絕非耳瑱，那有人塞耳瑱僅塞一隻的。

漢末建安時代〈孔雀東南飛〉敘述詩中即有女主人雞鳴起身「耳著明月璫」的描寫。北京故宮博物院藏有藍色玻璃

耳璫一對，高 2.4 厘米，直徑 0.9 厘米，上小下大，中間束腰，一圓孔由上至下貫通中間，非常可愛。另外，河南洛陽燒溝漢墓出土的東漢玻璃耳璫，形制與前者大約相同，只是形狀更接近喇叭型了。

東漢之後耳璫消失，直至明清又有仿古耳璫出現。目前坊間有大量清仿漢之耳璫，收藏者要小心辨認。

四、玻璃珠

有人認為西周是中國古代玻璃的起源，是根據幾項西周出土文物所做的判斷。這幾項非常原始的玻璃器是：

a.陝西省扶風縣上宋公社呂村三座早期西周墓出土了玻璃管十五支，玻璃珠十一粒，與紅瑪瑙珠、綠玉管、骨管等組成的項鏈。玻璃珠、管腐蝕較嚴重，殘傷不全。

b.陝西省歧山縣賀家村 47 號墓出土的一件玻璃管。

c.陝西省扶風縣雲塘鎮西周晚期平民墓出土淺藍淺綠玻璃管十四支，淺藍綠玻璃珠卅三粒，淺藍點飾玻璃管九支。

d.山東省曲阜魯國故城 47 號西周晚期墓出土玻璃珠三粒。

這些出土實物所表現的特徵可以看出，西周的玻璃器質地疏鬆，沒有紋飾，

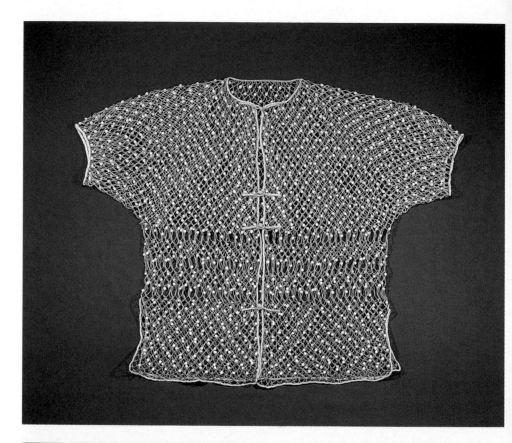

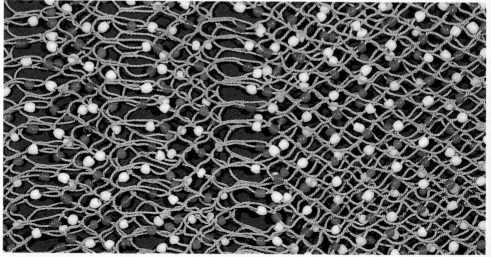

◆明末—清初　珠衫　袖寬 88 厘米，藍、白色各 1700 顆珠。其用途爲穿著以避暑或唱平劇時以防汗濕戲袍。(左頁上圖)

◆珠衫細部。(左頁下圖)

◆元　擰絲珠　左、直徑 2.7 厘米。(上圖)

◆清　西藏珠　左、擰絲珠，直徑2.4 厘米　右、蜻蜓珠，直徑 1.8 厘米。(下圖)

◆ 公元前一——二世紀　珠左、直徑 1.5 厘米，類似西亞玻璃珠工藝風格（上圖）
◆ 漢　凸眼珠　直徑 1.8 厘米。（下左圖）
◆ 戰國　玻璃珠　直徑 2.4 厘米（下右圖）
◆ 遼、宋　胸珠飾　24 顆，每顆直徑 1.5 厘米。（右頁圖）

◆宋　凸眼珠　直徑 1.9 厘米。
（右上圖）
◆元　攪胎珠　直徑 2.1 厘米。
（左上圖）
◆元　擰絲珠　攪胎，直徑 2.7 厘米
（左下圖）

◆元　四瓣形珠　直徑 2.8 厘米

◆公元前一一二世紀　複眼珠　直徑 1.8 厘米，
類似西亞玻璃工藝風格。

正如蹣跚學步的嬰兒一樣，處於十分稚嫩的水準。

墓葬出土的玻璃珠，絕大多數置放在墓葬主人骨架的頭部或胸到腰之間，推斷是屬於死者身上所佩戴的飾物；少數則不放在死者身上，而與其他陪葬品放在一起的現象，可能用來作為財富的象徵。

到了春秋戰國，雖已有仿玉玻璃器出現，玻璃珠管仍是戰國時期的主要品種。與前期相比，玻璃珠形狀除圓球形外，出現了六邊鼓形、八稜形等多種形狀。玻璃管除了前期的圓管外，又出現了棒形、稜形、板狀形、六稜柱形等等。玻璃珠管上多飾以「蜻蜓眼」圖案（請參閱第二章）。

西漢以後，蜻蜓眼珠逐漸消失，繼之而起的是無任何紋飾的單色玻璃珠。東漢時期耳璫雖多，珠子仍是當時主要的玻璃器型。

三國兩晉時代玻璃主要器型仍以玻璃珠、耳璫和仿玉製品為主。到了北魏，玻璃珠已不是主流，生活用品玻璃器逐漸取而代之。

隋代玻璃器的突出成就在陳設品、生活用品玻璃器。除了瓶、杯之外，又出現了玻璃戒指、玻璃卵形器等，玻璃珠依舊是玻璃器型中的一種。

唐代出現的新增器型有玻璃茶碗、玻璃茶托、玻璃空心果和玻璃佛像等。其中玻璃空心球出土於陝西臨潼慶山寺舍利塔精室，球徑 2 至 3.5 厘米，透明，

◆清　繪彩珠　右、直徑 3.2 厘米，高 1.6 厘米。（上圖）
◆元　七瓣珠　左、直徑 2.6 厘米，高 2.1 厘米。（下圖）

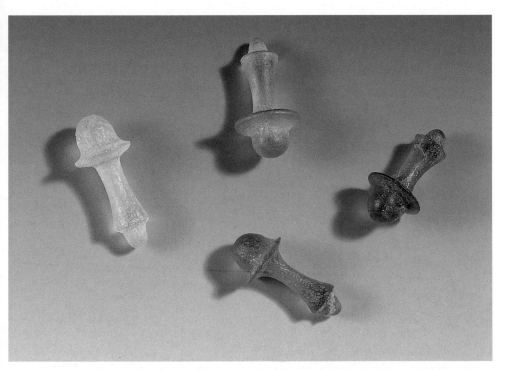

◆清　珠飾　長 2 厘米。（上圖）
◆北魏　珠　七顆，每顆直徑 1.2 厘米。（下圖）

◆公元前二—五世紀　珠　中間大珠直徑 1.2 厘米。類似西亞玻璃珠工藝風格。（上圖）

◆遼、金　珠　15顆，每顆直徑 0.8 厘米。（下圖）

◆遼、宋　珠　串長 70 厘米，14 顆。（上圖）
◆公元前二—五世紀　金箔珠　長 1.4 厘米，寬 0.8 厘米，類似西亞或東地中海玻璃工藝風格。（下左圖）
◆戰國—西漢　貝殼珠　長 1.4 厘米，寬 0.9 厘米。（下右圖）

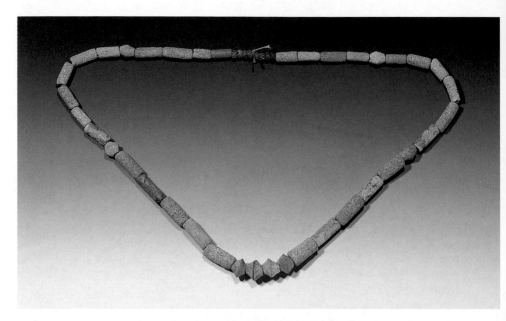

◆西周—春秋　珠管　串長 59.2 厘米。管 30 隻，珠 16 顆。(上圖)
◆西周—春秋　珠、管　管長 6 厘米，珠直徑 1 厘米。(下圖)

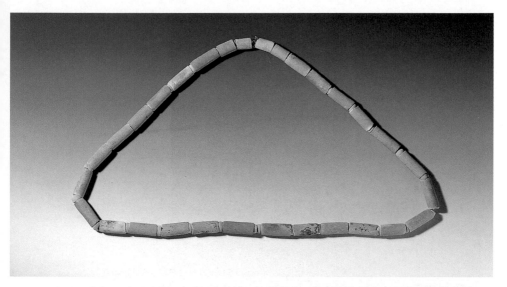

◆戰國—春秋　珠、管飾　串長 57 厘米，管 30 隻，珠 29 顆。(上圖)
◆戰國　串珠　串長 47.2 厘米，148 顆。(下圖)

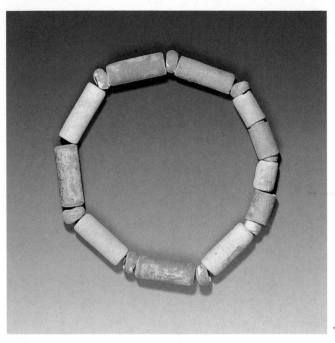

◆戰國　管飾　串長20厘米。

綠或褐色，共六粒。中國玻璃由實心珠子演進了空心球，已走了漫長的歲月。

宋代包括同期的遼金，實物比較豐富，可能因為北方游牧民族對珠子傳統偏愛的習性，玻璃珠的造型更富變化。像內蒙古科右中旗紅格爾地區金代墓葬出土的翠綠大珠，梅瓣形玻璃片、小串珠以及內蒙古科右中旗巴札拉嘎遼墓出土的暗紅色玻璃珠，在在都是。宋代玻璃器品種更為豐富，除前章所提的玻璃釵、簪、手鐲外，還有不少新的形制，如葫蘆瓶，佛手瓜形器，花口玻璃杯等，由河北定縣出土的玻璃葡萄粒，可見當時吹製工人對玻璃的掌握已非早期玻璃

珠時期可比擬。

宋遼玻璃珠花片甚為發達，豐富多彩。其工藝標示著現實和世俗化、庶民化的傾向，常以花卉禽鳥為對象，也有以鳥、魚、人、竹搭配組成，這與起自遼宋到明出土甚多的玉花片飾相互輝映。

元代以後，西亞地區大型玻璃珠再度東傳，盛行於十三、四世紀的元代玻璃珠，是採取西亞地區攪絲法所製造出流水狀，並帶有韻味特色的珠子。

進入清初，由於服飾改變，朝珠、佛珠成為玻璃珠飾的重要項目。

五、玻璃佩飾

◆明—清　佩件　三色玻璃珠飾，紫色珠長 2.2 厘米，寬 1.8 厘米。

◆宋—明　佩件　長4.2
　厘米，寬6.6厘米。厚
　1.6厘米。（右頁上圖）

◆元—明　佩件　左、長
　4.2厘米，寬5厘米，
　厚1.5厘米。（右頁下圖）

◆清　花片　17片。
　（上圖）

◆宋　佩飾　6片，每片
　長1.4厘米，寬1.2厘
　米。（中圖）

◆元　花片　◇◇，此
　爲元代流行之方勝。
　（方勝爲雜寶之一）。
　（下圖）

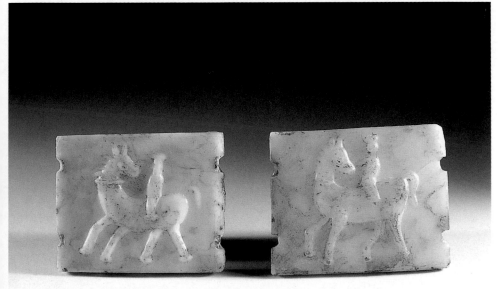

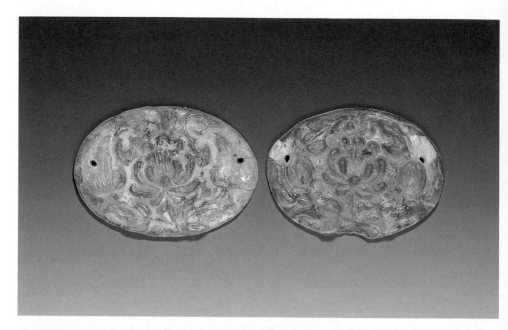

◆明成化—清 佩飾 一對，每隻寬 7.4 厘米，高 5.2 厘米，厚 0.9 厘米。其花瓣舒展，花蕊突出，
　爲典型成化瓷器上花卉之特色。（上圖）
◆遼 佩件 右、長 3.8 厘米，寬 2.2 厘米。（下圖）
◆唐 宗教器物 直徑 4.8 厘米。祆教（拜火教）盛行於唐代。⛯即爲祆教之標誌。（右頁圖）

◆清　帽飾　婦女使用，　4 片
寬 2 厘米，長 2.7 厘米，厚 0.4 厘米。
（左頁上圖）

◆明　佩件　長 5.8 厘米，高 4 厘米，厚
0.7 厘米。（左頁下圖）

◆秦或漢（待考）　佩飾
12 片，每片各長 5.4 厘米，寬 4.2 厘米
，厚 0.3 厘米。鎏金紋路，表層留有錢
幣腐化的銅銹。其用途不詳。
至於年代，尚須比較其他出土的金銀器
同樣類型，再做進一步考證。（上圖）

◆秦或漢（待考）　佩飾之細部（下圖）

◆宋—明　象佩飾　5 片
　，每片長 2.4 厘米，寬
　1.8 厘米，厚 0.4 厘米。
　其寬葉植物叢小團花在
　宋至明瓷器上常有出現
　。（上圖）

◆遼—金　佩飾　仿玉
　"秋山" 佩飾，一鶴一鹿
　為鶴鹿同春圖，長 5.6
　厘米，寬 4.2 厘米。
　（下圖）

第 5 章：陳設擺件類

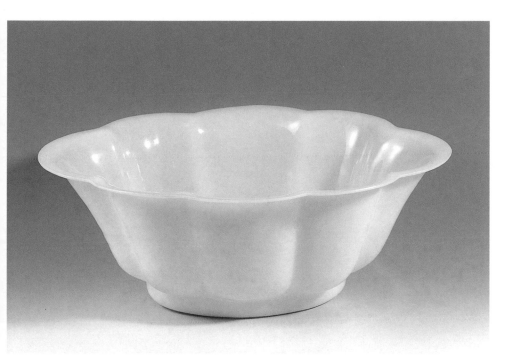

◆清康熙　葵花盤　長 40 厘米，寬 22 厘米，高 10.2 厘米，厚 0.2 厘米。器型靈秀優雅，顏色光潔雪白，爲典型清康熙著名的白色玻璃器。

　　古代玻璃既爲珍貴物品，在作爲實用器物時，也常兼作陳設觀賞之用，故中國古代早期玻璃器中，許多都同時具有使用與陳設的雙重功能。純粹爲了陳設裝飾用的玻璃器，較早出土的是在貴州淸鎮平埧東漢墓中的琉璃動物雕像　，

這件小動物究竟是不是玻璃質料還是釉陶，無法從其發掘報告得知。

　　真正明確有實物佐證的陳設品玻璃器出現的時間，約可上推到南北朝時期，大量出現則在唐宋以後，尤以淸代最盛行。它包括鼎、瓶、葫蘆、玻璃果、雕

像、尊、印章、觚、渣斗、爐、山子等
等。

目前中國出土的陳設玻璃器令人最印
象深刻的有兩三處，其中：

一、北宋時期河南密縣北宋塔基出土
了五十餘件玻璃器，其中有壺形鼎、瓶、
橢圓形卵形器、寶蓮形器、鳥形器等等，
不但造形奇特，而且製作相當精緻。以
鳥形器為例，鳥高 6 厘米，鳥頸細長，
鳥頭如雞，但有勾喙，腹為球形，在腹
部兩側由凸弦上生出雙翅，翅為棒狀，
然後向上彎曲至鳥頸底部，翅上均掛一
大環，尾短小，通體綠色。

二、北宋時期河北縣定州靜志寺塔基
出土了十件玻璃器，除了杯、碗、壺等
器形外，最引人注目的是有黃色及綠的
葫蘆瓶（高 4.2－4.4 厘米）、葡萄串
粒（總長 1.6 厘米）、小玻璃鳥（高 1.5
厘米），還有銅製鍍金蓮化蓋小瓶（高
9.1 厘米）等，均玲瓏可愛。

三、陝西臨潼慶山寺舍利塔精室出土
了玻璃空心球，球徑 2 至 3.5 厘米，總
共六粒，置於寶帳前的三彩盤中。

值得注意的是，比較珍貴的出土玻璃
器似乎都與佛教塔寺有關。它們均出土
於塔基地下宮，通常與最珍貴的文物甚
而與舍利子埋在一起。

南北朝佛教傳入中國。這個時期正是

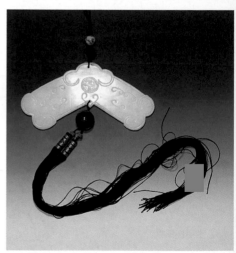

◆**清　掛件**　長 5.8 厘米，寬 4.2 厘米。（上圖）
◆**清晚期　磬　樂器**，長 15.2 厘米，寬 5 厘米
　厚 0.7 厘米。（下圖）
◆**清晚期　渣斗**　內雙層，口徑 8.6 厘米，高
　6.4 厘米。（右頁圖）

◆清晚期 渣斗 口徑 5.8 厘米，高 7.6 厘米。
（清朝中葉以後，尤其晚期玻璃工藝一落千丈
，由此二件渣斗器型的不規整，可見一斑，與
清三代時期不可同日而語。）（上圖）

◆元—明 爐頂 寬長 3.2 厘米，高 3 厘米。
（右頁上圖）

中國佛教極盛時期，北朝統治者曾派人督工七十萬民伕修造洛南伊闕寺。南朝首都金陵相傳也有五百座佛寺廟，北朝則有一千三百多座。此外，還有雲崗、敦煌、麥積山、龍門、洛陽、青州等石窟建築。這時期的佛像多以土木塑成，經常需要各色珠寶玉石和玻璃作瓔珞裝飾。以現有洞窟壁畫雕塑的裝飾、敦煌壁畫斗帳的華蓋、藻井部分邊沿的流蘇來看，都可以想像得出當時彩琉璃珠的

應用情形。此時的琉璃珠和埋在塔基下宮的琉璃器都是為佛教服務的陳設玻璃器。尤其前面所提臨潼慶山寺舍利精室出土的那六粒空心球，有人定名為阿那含果，阿那含是佛教用語的梵父音譯，其意譯為「不還」，意即不還果，不還果本是佛教教徒修煉的一種境界。台灣故宮博物院副院長張臨生女士認為中國琉璃工藝尚能倖存的原因，實賴佛教的呵護。「以琉璃製舍利子、舍利瓶，皆屬印度風俗，中國人依循不悖，現今存世的六朝以迄南宋的琉璃，幾乎大半由佛寺塔基遺址出土」，與筆者的觀察不謀而合。

中國陳設玻璃器達到巔峰期是在清代。清代是中國古代玻璃器發展史上最輝煌的時期，玻璃品種繁多，工藝技術高超。明末清初，隨商船而來的西方傳教士把他們所掌握的自然科學知識，其中包括玻璃製造技術引進了中國。清康熙皇帝是一位非常重視西方新科技和新知識的明君，他不但學習西方的天文、數學、幾何等知識，更把一些傳教士納入到清宮內廷的機關裡來工作。紀文、汪執中兩位傳教士就是這樣進入內務府造辦處玻璃坊的。也因為西方玻璃技術的引進，才大大推動了清代玻璃工業的蓬勃發展。

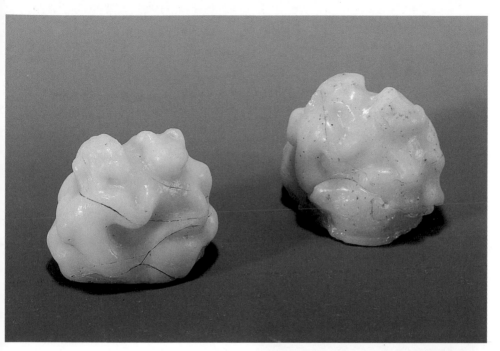

　　康熙三十五年，清宮設立了皇家玻璃廠，即養心殿造辦處玻璃廠，掀起了清初玻璃生產的高潮。康熙時期的成就表現在創造套料，並使單色玻璃器的製造達到了爐火純青的地步。

　　從器型來說，完全摒棄了唐宋以來的薄胎瓶、簡單的杯、碗造型，而是兼採玉器、瓷器優秀器型，創造出全新的玻璃形制，例如玻璃水丞、魚缸、筆筒等等。從顏色來講，它的色度純正、艷麗，可說是「白如冰晶、紅如火齊」。例如單是白色，就有珍珠白、凝脂白、藕粉白、乳白、霽雪白等多種。這時的工藝有套彩、刻花、磨花等，而且器底出現

◆戰國　車心軸　長 4.8 厘米，中間寬 3.4 厘米

刻款，採用砣玉方法鐫刻「康熙御制」款。

　　雍正時期色彩更加豐富，顏色有瑪瑙紅、翡翠綠、琥珀蜜臘黃等等，造型上很多採用宣德爐、漆器、玉器造型。

　　乾隆至嘉慶初年（西元 1736－1806）是清代玻璃生產的極盛期。清代玻璃不僅在宮廷控制之下，地方玻璃作坊也有一定普及，廣州、山東均有玻璃生產。此時，北京、山東博山和南方的廣州是清宮造辦處玻璃廠之外三大玻璃製造中心。北京主要生產各種精緻的鼻煙壺，而以「辛家皮」、「勒家皮」、「袁家皮」作為代表。廣州玻璃生產中心以生產輸入的西方玻璃為主。博山玻璃生產中心從事此業的人員很多，產品有佩

◆元—明　爐頂　寬長 3.6 厘米，高 3.2 厘米。（左圖）
◆清　雞油黃瓶　口徑 5.6 厘米，肚徑 6.6 厘米，高 13.2 厘米。紋飾屬清代織綿紋，流暢，柔和。（左頁圖）
◆戰國　狗　長 1.8 厘米，高 1.2 厘米。（右圖）

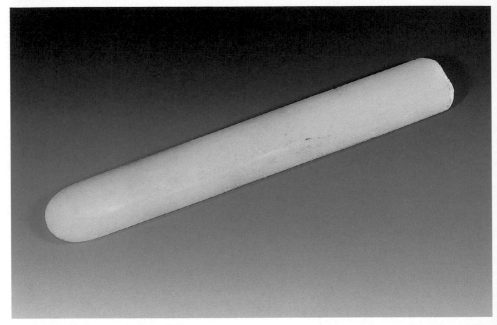

◆元　鎮尺　長 17.6 厘米。（上圖）

◆漢　印章　長寬各 1.5 厘米，未篆刻。（下左圖）

◆明　雞　高 2.4 厘米。（下右圖）

◆清三代　盤　口徑 8.2 厘米，高 4.2 厘米。

玉、棋子、魚瓶、葫蘆、硯滴、簪珥、泡燈、鼓璫等等，均爲小件飾品，被稱爲「無用器」也，但是它產量很大，行銷國內外。另外，清代宮廷玻璃作坊的產品，有一部分實物珍藏在今承德避暑山莊博物館(清代離宮)包括不少的爐、瓶、壺、鉢、杯、碗、盤、尊等精美異常的玻璃器。該宮還藏有一些外國贈送清朝宮廷的玻璃器，如燈具等。此資料線索甚少。（取材自「避暑山莊博物館館藏《玻璃器概述》，《文物春秋》1992 年四期。）

康熙時期成功製造了金星玻璃，這主要還是得益於西方傳教士。所謂金星玻璃是一種含有結晶顆粒而顯現金屬色澤的閃光玻璃，製造原理是利用某些金屬如銅等物質，在玻璃中溶解度很小的特性，於一定的溫度下從玻璃中析出，獲得金屬色澤的結果。清代金星玻璃一般是用銅，呈金黃色閃光。康熙四十年（1705）皇帝南巡賜巡撫宋犖御窰的玻璃中就有灑金的玻璃瓶二件，可見宮廷玻璃廠建廠不久就已掌握了這種難度較

大的工藝。金星玻璃製作法後來漸式
微，民國以後大陸已很難見到。廿世紀
八十年代有一批山東博山顏神鎮出身的
師傅曾再試作一批，技藝比起清三代時
期，已不可同日而語了。台灣玻璃創造
藝術家王俠軍先生已開始嘗試製作金星
玻璃。

　清代孫廷銓顏山雜記曾記錄了玻璃製
造時的原料、性能、作用、呈色、火候、
設備產品、流通等，各種玻璃的加工方
法，有吹滴、花、纏、寫、錯、兩色或
玻璃相揉等。從清代保存下來的高級玻
璃用品來看，器形多仿銅、瓷、玉器，
種類式樣都十分相似。

　必須要提的是清代鼻煙壺。鼻煙壺是
同鼻煙一起大約在明代慶隆年間由菲律
賓傳入中國的。最初是作藥品用，認為
有祛濕、提神、驅寒等功效，到了清代
變成一種時尚，收藏玩賞，它集中國繪
畫、書法、雕刻、鑲嵌以及玉石、瓷器、
料器、漆器、琺瑯、金屬等工藝於一體，
博採眾長，自顯奇姿，是中國藝術的縮
影。此物變成高尚炫耀身份和財富的象
徵。康熙年間中國開始有自製的鼻煙
壺，藝匠們利用玻璃可透明、半透明、
不透明的特性，仿珊瑚、琥珀、瑪瑙、
白玉、翡翠、水晶等，幾乎可以亂真，
造型多樣，別具一格。

◆清中期　鴉片碟　雞油黃，直徑 3.2 厘米。
（上圖）

◆清　四色套料霏雪地鼻煙壺，高 6.8 厘米，肚徑
　3.6 厘米，左、正面兩色，右、反面兩色。
（右頁圖）（下圖）

◆清　仿珊瑚鼻煙壺，高 6 厘米，肚徑 5.2 厘米。

　　總的來說，清代玻璃器迥異於前代，器型多變，技巧高超，採用了西方技術與中國造形藝術，創造出中西合璧的精美作品。其色彩絢爛多姿，而且時常故意捨透明，加入乳化劑，製造出不透明但色彩美麗異常的作品，其瓷感重，為一大特色。清代料器在西方拍賣場上價格節節高昇，是有目共睹的。

　　清朝晚期，玻璃生產一落千丈，產品拙劣、粗糙，形制不方不圓，款識潦草。此時期玻璃生產受到政治腐敗、外強侵入、經濟衰落的影響，民間玻璃一蹶不振，只有清宮玻璃廠尚能維持，工匠也只剩兩名聊備一格。總之，清代玻璃廠歷經了早期的繁榮、中期的極盛和晚期的衰落三個階段，在各時期都有新的產品出現。清代玻璃是中國玻璃工藝中的不可多得精品。它將延沿數千年的中國傳統玻璃技術和外來技術巧妙地結合成一體，創造了屬於傳統文化的嶄新品種。這一點，是由西周到元明所難望其項背的。

　　目前在北京大學開「中西交流考古」講座的齊東方教授，鑽研金銀器和玻璃器多年後，得到一個十分獨到精闢之結論：「中國玻璃的發展起起落落，但總的來說，中國玻璃的興盛期與中西交流的暢通有密不可分的關係」。證諸西亞蜻蜓眼珠傳入中國，使中國發展了青出於藍的中國蜻蜓眼玻璃珠；到南北朝、隋唐之「番玻璃」及佛教輸入，促成中國玻璃器大轉折與突破；到清三代西方傳教士到中國宮廷主持玻璃作坊，融合了中西優點，創造出獨樹一格的清代玻璃；無可否認的證明中國玻璃器的高峰與中西交流之間息息相關，實在值得吾人深思再三。

一、玻璃擺件

◆清中期　如意　仿珊瑚紅，長 13.2 厘米，頭寬 2.2 厘米。（上圖）
◆清中期以後　瓜果群　左、高 2.4 厘米。（下圖）

◆清中期以後　葫蘆群　右、高 6.2
　厘米，肚徑 2.2 厘米。清乾隆以後，
　貴族階層流行賞玩匏器，此乃仿匏
　器之小玻璃擺件。（左上圖）

◆清中期以後　菓式球　直徑 2.4 厘
　米。（右上圖）

◆元—明　瓶　口徑 3.2 厘米，肚徑
　6.4 厘米，高 12 厘米。（左下圖）

◆清　仿青玉鼻煙壺　右、高 6.8 厘米，肚徑 4.2 厘米。　清　仿黃玉鼻煙壺　右二、高 5.8 厘米，肚徑 5.2 厘米。　清　仿金箔鼻煙壺　左二、高 5 厘米，肚徑 4.2 厘米。　清　仿白玉鼻煙壺　左、高 4.6 厘米，肚徑 3.8 厘米。（上圖）

◆清　雞油黃鼻煙壺　右、高 5.6 厘米，肚徑 5.2 厘米。　清　咖啡色鼻煙壺　中、高 5.8 厘米，肚徑 2.8 厘米。　清　金星鼻煙壺　左、高 6.4 厘米，肚徑 6 厘米。（下圖）

二、玻璃印章

玻璃印章的起源在史籍資料上尚無詳細的記載，僅在清代曹雪芹名著長篇小說《紅樓夢》中有過描述尚未篆刻的玻璃印章情節。若從中國製造玻璃工藝的發展變遷和各地墓葬出土的玻璃印章來加以分析，古代玻璃印章係仿銅印或其他金屬印章鑄模成形再篆刻製成。

近年考古文獻上最早出土的玻璃印章是長沙左家塘挖掘出來的。同時出土的還有四個山字紋銅鏡、四套陶鼎、敦、壺等，屬於戰國中期的墓葬品。在玻璃印章上刻鑄有中國式古文「中身」等字。上述文字是東周璽印文字中常見的印文。亦有若干考古學者認為它是具有中國文字和道德觀念的印章，是「忠信」的通假字，以用來警策自勵。

另外兩枚玻璃印章係四川犍為墓葬所發掘出土，時間大約在戰國時期。至於上海博物館所珍藏的一枚玻璃印章，其來源出處尚未見有文字記載。附圖的早期玻璃印章有屬於戰國、秦漢時期的墓葬出土者，似足以說明玻璃印章的萌芽期應在戰國中期時候。

依據考古學者的研究發現，玻璃印章掘出的位置大都在死者主人的腰部，從而可推斷出係死者隨身陪葬所帶之物。延續到西漢時代，玻璃印章偶爾亦在各

◆清末—民初　印章　右、長寬各 1.5 厘米，高（不含鈕）0.5 厘米。

◆戰國　印章　長寬各 1.6 厘米，高（不含鈕）0.7 厘米。（上圖）
◆戰國　印章　長寬各 1.7 厘米，高（不含鈕）0.8 厘米。（下左圖）
◆戰國—漢　印章　長寬各 2.1 厘米，高 1.6 厘米。（下右圖）

◆宋─明　印章　左、長 1.9 厘米，直徑 0.9 厘米。

地墓葬中被發現。爾後歷經魏晉、南北朝到明代，玻璃印章被挖掘出土者似不多見，顯示出玻璃印章比起玉璽或銅印，似比較不被一般百姓所廣為使用。

玻璃印章的質材雖然堅硬，但是不像玉可用金沙或水滴雕琢，除早期較低溫的印材可用金屬篆刻外，近世高溫鑄製的透明玻璃印章如用金屬進行篆刻，亦容易破裂，因而未能廣為流行使用，即使在晚清時期有新仿製的玻璃印章出現，亦僅止於用作擺設或供珍藏欣賞之途。

◆戰國—漢　印章　印章篆刻面。（上圖）
◆明—清　印章　右、朱四田印，長寬各 1.6 厘米。 左、藍色章，長寬各 1.5 厘米。（下圖）

三、玻璃肖生

　　肖生係指人物、禽獸等立體玻璃雕製品。戰國時代墓葬已有小型的羊、虎等動物出土，形象簡單，風格雅拙。秦漢時期開始流行用小動物作明器陪葬，仿玉「漢八刀」系列所塑刻的小動物形象逼真，動感較強，姿態往往較美。它的特點是風格粗獷，簡潔有力，刀法準確流暢。龍、虎、羊等動物眼部雕琢頗有特色，顯得栩栩有神。在中原地區出土的小馬、羊、鹿等動物形象多為蹲伏或直立形態，運動感稍為不足，不若北方游牧民族騎獵之英姿神態。

　　唐代墓葬出土的玻璃肖生有小獸、小兔、小豬及蠶等各類。因體積過小，不便加工，只能碾琢成糙胚，再往細裡雕刻作成陪葬品。它的工藝作法或繁或簡，或精或細，異彩紛呈，各有千秋。

　　宋代以後，小動物在墓葬中已不常見。

● 1.玻璃蠶

　　玻璃蠶屬於仿玉器物的一種，出現於戰國時期，流行於兩漢時代。一般蠶的形象是圓頭，有些是凸眼，蠶體捲曲或成筆直狀。

● 2.玻璃羊

　　古人以羊喻為吉祥。玻璃羊開始見於戰國末期墓葬中，未雕琢刻，製作簡單，

◆明　貓　長 4.2 厘米，高 1.6 厘米。（上圖）
◆元—明　蠶　長 4.8 厘米，高 1.4 厘米。（下圖）
◆清　兔　長 0.5 厘米，高 1.5 厘米。（右頁圖）

◆漢　獅子　長 2.4 厘米，寬 1.5 厘米，類似印度半島玻璃造型工藝。(上圖右)
　　明—清　蝸牛　長 2.2 厘米，高 1.2 厘米。(上圖左)
◆漢　老虎　長 1.8 厘米，高 1.3 厘米。(下左圖)
◆宋—明　獸　長 0.8 厘米，高 1.3 厘米。(下右圖)

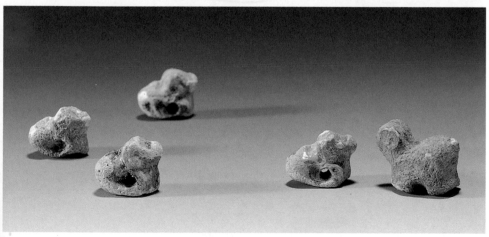

◆明—清　羊、駱駝　羊（右）長 3.2 厘米，高 2.8 厘米。（上圖）
◆宋　羊群　右下、長 1.5 厘米，高 1.2 厘米。（下圖）

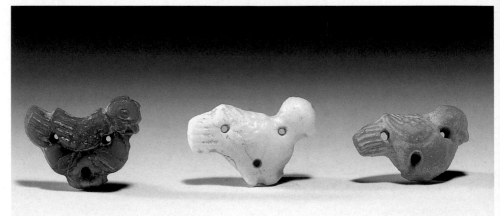

◆遼—元　鳥　長 2.4 厘米，高 1.7 厘米。厚 0.5 厘米。(上圖)　　　　◆明　人像　高 2.4 厘米。(右頁圖)

僅勾勒出動物體態及其輪廓，外層包有蝕化泥漿，神態安逸，多作靜坐平視狀。

● 3.玻璃虎

玻璃虎出現於戰國末期。有些老虎外表帶有一層腐化包漿，有「包福」之意。古時候人們亦常用來攜帶，作為吉祥佩飾。

● 4.玻璃蟬

玻璃蟬大部分以簡單幾刀雕出蟬形體，俗稱「八刀蟬」。蟬有用於佩戴者，古時候稱「佩蟬」；用於冠飾者，稱「冠蟬」；用於陪葬時唅在死者主人口內，稱「琀蟬」。佩蟬、冠蟬均鑿孔以利繫繩或鑲縫。琀蟬則無孔。

依據古人流傳習俗，謂不願死者空口而去，故要有「琀」，不願讓死者空手而去，須有「握」。至於為何用蟬做「琀」，推論古人大概認為：

1.蟬的體態便於置於口腔內。

2.蟬是由濁穢的幼蟲蛻化成一種高潔的昆蟲，含有「再生」的意義，以表示讓死者脫離原先的皮囊，開始另一種高潔的新生活境界。

蟬在中國人的心目中地位很高，不僅純潔，亦被視為清高、通靈的象徵。唅在口中則能祈求死者身體不受邪惡侵擾，同化淨化身體，以臻於完美境界。

玻璃蟬屬於仿玉器的玻璃器物，出現在戰國時期，消失於東漢。它的造型一般用陽線刻劃出頭、腹、雙翅等各部位，製作精緻，呈扁平狀，中心稍厚，頭部雙目外凸，尾部翼端稍短，角尖狀，形象逼真。

● 5.玻璃人像

◆明　人像　高 3.2 厘米。（上圖）
◆明　人像　高 2.2 厘米，底座寬 1.2 厘米。（下圖）

◆遼　母子魚　長 3.8 厘米，高 2.4 厘米。

遼宋時期墓葬中有玻璃人像出現，體形較小，但雕琢精巧，顯得維妙維肖。這類立體人像，所顯現出來的是以玩賞性為主題，表現其現實生活的一面。在倫敦大英博物館收藏有玻璃人像，註明屬於明代的製品。

● 6. 玻璃魚

母子魚相連一起，造形優美。遼代人們棲居東北地區，對江河的魚類生活習性較易瞭解。在那個時期，藝匠雕製魚類飾品用來代替玉器作為陪葬器物，已是很普及的。

第 6 章：台灣古玻璃珠

　　排灣族玻璃珠一向受到文物收藏界人士的喜愛，但是早期的台灣並不生產玻璃珠，排灣族玻璃珠究竟在什麼時期從何處傳進排灣族的族群手中？無疑是考古學者亟欲想揭開的謎底。

◆ **複串胸珠　特寫**（上圖）
◆ **複串胸珠　串長 32 厘米，串飾下綴六顆大珠共長 6 厘米。**（右頁圖）

　　從十七世紀末期以後，排灣族玻璃珠來源即告斷絕，珍藏在排灣族族群手中的古老的玻璃珠，無不在日本佔領台灣的五十年期間內被喜愛玻璃遠勝過美玉的日本人搜刮殆盡，加諸最近數十年來排灣族本身社會生活的變遷，所剩稀少珍貴或傳世的玻璃珠幾乎全部外流。說句實話，目前除在若干山地民俗館或早期台灣文物收藏家手中以外，似乎很難再看到稀有的排灣族玻璃珠。

　　排灣族群對他們祖先遺留下來的古老玻璃珠以及古壺，每每視為世代傳家之寶，也是在婚聘中不可或缺的聘禮。在傳統的排灣族社會裡，只有大頭目或貴族才能擁有玻璃珠，而且所擁有玻璃珠的飾類及其數量多寡，亦象徵著持有者的身份和其地位。

　　排灣族親族組織保持其獨特的繼嗣方式，即所謂長嗣繼承制，不論長嗣的性別，只重視出生別的第一個孩子，構成男女雙方血統並重的親系法則。在這種長嗣世襲體制下，排灣族人通常都將其

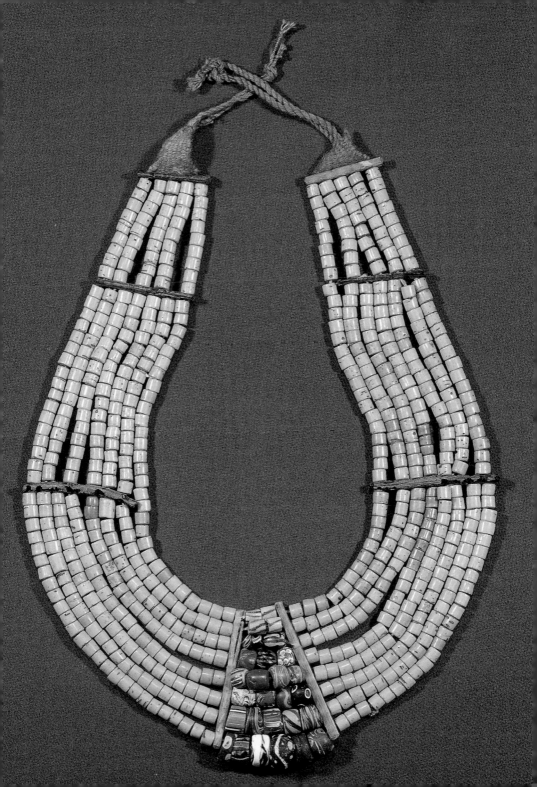

貴重的玻璃珠傳世給後代，由長嗣子女繼承；若無後嗣，也由死者配偶或由親人繼承。此外，陪葬習俗在排灣族社會裡並非常態，陪葬出土的玻璃珠自然地較少見。

排灣族玻璃珠的特色是整顆珠子看起來欠平滑工整，色澤古舊，珠孔粗大，紋樣和色彩深入於內，外表常見小黑點等。排灣族玻璃珠按其形制及用途大約可以分為三種：

● 一、項飾用的大粒玻璃珠：屬於傳統的古珠，不透明，帶色彩，具有不同類型的形制和紋樣，以及各自特定的名稱。此種類型的玻璃珠通常擺放在項飾下緣的中央位置，玻璃珠越靠近項飾中央位置愈顯貴重，離中央位置愈遠者其重要性越少。

● 二、裝飾用的小粒玻璃珠：這類珠子應用範圍較為廣泛，常見於一般項飾中。由於玻璃珠個體較小，通常編排成串出現，數量多為其主要特色。

● 三、衣飾用的細粒玻璃珠：一般稱為「綴珠」，大都是晚期引進的玻璃珠。

從荷蘭人佔領南台灣起，歷經明清兩代漢人移墾到日據時代結束，大約三百年的時間裡，排灣族玻璃項飾仍然保持其原來的傳統習俗和文化風貌，串組項飾更表現出明顯的對稱，兩邊排列相當規律，整齊對應。排灣族玻璃珠的主要類型約可歸納為三種如後：

● 一、複串項飾：三至五串，男女均可佩戴，屬於平時生活上戴用的頸飾。

● 二、單串胸飾：只限女子配戴。女性大頭目或貴族經常佩戴，以示尊重。

● 三、複串胸飾：八串以上組成。在平時不輕易使用，惟有在大頭目結婚慶典或豐年祭等盛大場合才佩戴。平時複串胸飾被收藏在古壺內，若要取用，須依照習俗先行拜祭。

考古前輩台灣大學陳奇祿教授在接受訪問時特別提到，在他早期負責彙整台灣民俗文物時曾將排灣族玻璃珠送往新竹玻璃廠進行玻璃珠成分的化驗，結果顯示玻璃珠含鉛率很高，但沒有含鋇的成分，與中國中原地區出土含鉛、鋇的蜻蜓眼玻璃珠不同。排灣族玻璃珠似屬於較接近東南亞玻璃珠系的其中一種，它不見於鄰近靠近沿海一帶世居的平埔族或是以農耕為主的漢族生活地區，讓人感到不解的是只有在排灣族群裡才能找到。設若這種玻璃珠係排灣族遷台的祖先們攜入的話，那麼玻璃珠移入的時

單串胸珠　串長 37 厘米，串飾中央珠直徑 1.4 厘米。

間？根據陳奇祿教授的推斷，應在紀元前一、二世紀時期，相當於西亞及地中海東岸地區的玻璃珠在東南亞地區開始流行分佈的年代。

印證陳奇祿教授對排灣族玻璃珠來源的推論說法，很巧合地在婆羅洲居住著一群叫做 KELABIT 的土著部落民族，這個部落族群亦擁有與排灣族相同的古老玻璃珠和古壺。不僅如此，在與排灣族居住區相隔鄰的台灣南端風景名勝地鵝鑾鼻，它的地名發音「KALABITS」與婆羅洲土著部落民族 KELABIT 的發音幾乎相接近。可惜排灣族本身無文字記載，中外亦無相關史籍資料可考，上述推論說法還有待其他事實來佐證。

另一種對排灣族玻璃珠來源的推論是

從該族大頭目或長老貴族口中世代相傳，說出在十七世紀從佔領南台灣的荷蘭人手中以牛羊財物或出讓土地使用權換取得來的。若從排灣族玻璃珠的成分、類型、色彩紋樣加上地緣因素來推論，上述說法似有其可能性。其主要根據有三：

一、荷蘭人入侵南台灣時，已先後佔領東印度群島，包括蘇門答臘、爪哇、婆羅洲等地。按當時的交通工具來衡量，東印度群島與台灣路程相距仍遠，運輸不便而需在南台灣就地取糧。為此，誘使荷蘭人攜帶從婆羅洲土著部落手中搜購得來的當地古老玻璃珠進入排灣族居住區從事交易換取糧食，這種論點在邏輯學上似說得過去。

二、東南亞地區包括爪哇、汶萊、婆羅洲等地的族群信仰，和印度、巴基斯坦境內的回教徒以及西亞、地中海沿岸個世紀裡，他們相互間已有貿易往來；商賈們將南洋的香料經紅海轉運往歐洲，再從西亞的阿拉伯人或地中海北岸歐洲人手中換取較有裝飾價值，且便於攜帶獲取高利潤的玻璃珠。婆羅洲土著部落所擁有的古老玻璃珠很可能是經由此一貿易管道得來的。後來荷蘭人佔領東印度群島，開始將婆羅洲土著的古老玻璃珠連同十七世紀開始在阿姆斯特丹玻璃廠生產的玻璃珠一同輸進台灣，再傳入當初還居住離台南不遠地區的排灣族手中。

三、古籍漢書《地理誌》曾有段記載，謂：「與應募者俱入海，市明珠、璧琉璃…和蠻夷賈船，轉送致之」，說明自戰國末期起，南方絲綢之路便已開通。廣州等地商賈不僅在南中國海地區從事貿易活動，而且可以經黃支國（現今蘇門答臘北岸地區）和南亞、中亞商人密切往來。到了東漢時期，中國商船更能橫跨印度洋，遠達紅海地區轉運到大秦國（現今的羅馬）。經由此一貿易暢通的海運管道，地中海沿岸、西亞及南亞的玻璃珠東來，經活躍在南中國海域的商人數度轉手，最後販售落入排灣族的大頭目或貴族手裡的推論，亦不無可能。

在中國玻璃珠領域裡，排灣族玻璃珠屬於較為突出的一支，不宜被人們遺忘。雖然玻璃珠的來源尚無定論，但是如何去揭開謎底，還待考古先進學者及收藏界人士共同去探討發掘。

註：本文取材自許美智所著《排灣族的琉璃珠》一書。

第 7 章：仿偽玻璃器物之辨認

◆劍格　寬 4.8 厘米，高 2.2 厘米。

　　近年來古玻璃器因搜尋不易，價格節節上升，因真品難求——通常墓葬出土時若有百件青銅器或陶器，僅有十件左右玉器出土，十件玉器中往往才有一至二件玻璃器——因此腦筋動得快的古董販子，也開始偽製古玻璃器，近年來市場上仿偽品逐漸開始出現，收藏者不得不察。

　　仿古玻璃器分爲兩種：

一、仿質材者

　　近似玻璃的質材最常見的有天然矽晶石英礦石和俗稱河南水玉兩種。

　　前者本是天然結晶礦石，猛然一看與

◆手鐲　直徑 8 厘米，內徑 6.4 厘米，廿世紀 50 年代仿清品。（上圖）

◆耳璫　一對，各長 2.4 厘米，係清末仿古品。（下左圖）

玻璃極極相似，但用放大鏡仔細觀察，即可發現與人造玻璃大不相同，礦石中常藏有亮晶晶的顆粒，閃閃發光，且無氣泡。尤其是它的比重比玻璃大許多，用手掂一掂，立刻即能分別。此種質材無貝殼形迴旋紋。

目前這種矽晶石英礦石出現過劍飾、握豬、帶板、珮飾等等。年代通常都對，可惜既不是玻璃，又不是玉。

至於河南水玉，不論其光澤、顏色、手感，比重皆與玻璃相似，已到似假亂真的地步。這種河南水玉表面光潔如新，有的造型複雜，有生肖造型者，有帶扣造型者，也有製成如意者，刻工精緻，造型逼真，常讓玻璃收藏者喜不自勝，以為收到了早年失蠟法製成的玻璃器。然而，若將此種河南水玉互相碰撞，其發出的聲音，不似玻璃相碰時的清脆，尤其重要的是這種質材破裂之處，完全沒有貝殼形迴旋紋，而此種貝殼形迴旋紋方是鑑定玻璃質材的不二法門之一。

二、仿年代者

清代末年到民國初期，不但仿古玉之風興盛，仿古玻璃者亦時有之。

清末仿過一批漢代玲蟬、蜻蜓眼珠、耳璫等器物。

◆葫蘆瓶　高 6.8 厘米，表層用鹼腐蝕，有銀光，為玻璃精仿品。

◆瓶　器型及紋飾不倫不類，爲近代仿品。

1949 年左右，大陸有一批技術熟練的玻璃工人曾仿過戰國蜻蜓眼珠。

1980 年代，大陸山東博山的一批老玻璃師傅仿過若干清代的玻璃器，有金星玻璃瓶、雞油黃瓶、玻璃手鐲等。

三、偽玻璃器

偽玻璃器是指在近年以腐蝕法將新玻璃加工偽造成古玻璃器者。偽作者通常將新玻璃品以鹼水泡之（亦有用馬尿者）。然後埋於地下一段時間後再自土中取出，即可以假亂真。

以此種作偽法製成的玻璃器，要辨識似亦不難。可以分二方面：一是以表面包漿來看，人工腐蝕的玻璃有兩個完全相反的特徵，一是特別的一致，一是特別的凹凸不平。前者用的鹼水因濃度較淡，故通常整件器物表面呈現出薄薄一層類似磨沙紙磨過的痕跡，過於一致。另一種剛好相反，因爲用強鹼的緣故，以致表面腐蝕嚴重，腐蝕的銀光五顏六色，佈滿在凹坑不平的表面上。由此可知，凡有不自然的表面風化者要特別小心。此種偽品多以藍底玻璃爲主。

另外一種辨認方法是：在器形上偽玻璃如偽玉一樣，總是捉襟見肘，無法自圓其說。尤其在紋飾上、造形上刻意追求仿古而頻頻露出馬腳。筆者曾在上海見過一個兩面都有紋飾，一面爲谷紋，一面是渦紋的玻璃璧，令人可氣。（古玻璃璧以模鑄法製成，根本很難兩面刻紋。）

最好的辨認方法，即是敲掉玻璃品原件一小塊，其內部立刻露出光亮如新的質地，一望則知是新品，與老玻璃由裡到外的風化腐蝕狀態截然不同。

這類的偽品，目前除了出現在各種戰國到兩漢時期古玉的造型外，還有仿宋、金時代的器物，謹慎的收藏者在多看後，還是要多上手，多比較，必可找到偽品可疑的珠絲馬跡。

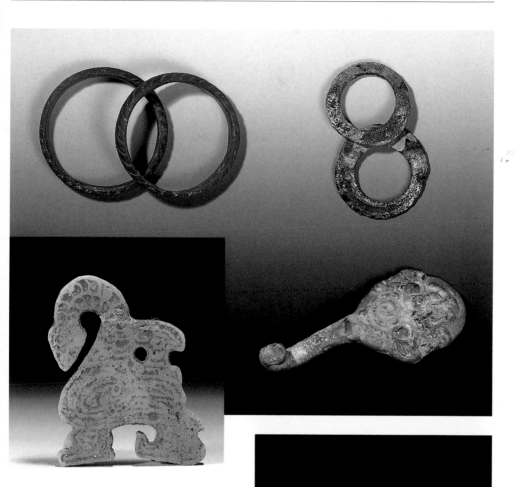

◆帶鉤　偽品，仿西漢金屬帶鉤，無自然風化跡象
　手鐲　偽品，表面腐蝕均勻，近年出來一批類似
　的古玻璃器，係由玻璃廠下崗的工匠仿製。
　環　仿公元三世紀地中海流行的玻璃環，表面佈
　滿五色銀光，以及凹凸不平之坑洞，明顯露出以
　強鹼作古痕跡。（上圖）

◆鳥形佩　寬長 3.6 厘米，高 4.4 厘米，係仿西周
　鳥形佩之玻璃器。（中圖）

◆珠球　直徑 1.8 厘米，紋飾不倫不類，係以製玉
　噴砂法鑄製作之仿品。（下圖）

附表一　古代玻璃特徵一覽表　★爲新器物

年　代	器　物　名　稱	特　徵	出土地區或墓葬地點
西周末期—春秋早期	★1.玻璃珠 ★2.玻璃管 ★3.純人體裝飾品	1.用作項鍊的組件或其他金屬物表面的鑲嵌物，供作玉器的代用品。 2.樸素無華，色彩晦暗，器型簡單，以細管狀或圓柱狀爲主，大小較不規整。 3.屬鉛鋇玻璃。 4.質地疏鬆粗糙，工藝落後，無紋飾。 5.顏色較單純，以淺藍、淡綠爲主。	1.陝西扶風上宋公社北呂村西周墓　2.陝西扶風雲塘鎮西周民墓　3.陝西寶雞茹家莊強伯墓　4.陝西岐山賀家林西周墓　5.陝西津西張家坡等西周墓　6.陝西灃西西周墓　7.河南洛陽中州路西周墓　8.河南陝縣上村嶺墓　9.河南固始縣侯固堆春秋墓　10.河南洛陽龐家溝墓　11.河南淅川下寺春秋墓　12.山東曲阜魯國故城75號西周墓　13.陝西周原地區西周墓
春秋中期—戰國時期		數量多，器型增加變化，質地與春秋早期相比較似未改變，但開始流行紋飾；分屬鉀鈣玻璃、鈉鈣玻璃及鉛鋇玻璃等。	
	1.玻璃珠	1.顏色以藍色、綠色和涅白色爲主。 2.除圓形外，亦出現六邊鼓形、八棱柱形、六棱柱形及橢圓形等。	1.河南固始侯古堆墓　2.河南輝縣琉璃閣　3.河南淮陽平糧台16號楚墓　4.河南洛陽燒溝戰國墓　5.河南洛陽金村戰國墓　6.河南三門峽市上村嶺秦墓　7.甘肅平涼廟戰國墓　8.陝西朝邑戰國墓　9.陝西西安半坡戰國墓　10.雲南江李山春秋墓　11.湖北宜城魏崗戰國墓　12.湖北松滋大岩嘴戰國墓　13.湖北江陵望山1號墓　14.四川成都羊子山墓　15.四川新都木椁墓　16.廣東肇慶北嶺松山戰國墓
	2.玻璃管	除圓形外，亦出現棒形、棱形及板狀形等。	1.湖南湘鄉牛形山戰國墓　2.四川犍爲戰國墓

	★3.蜻蜓眼珠	紋飾非中國傳統的紋飾，與西亞出土的蜻蜓眼珠玻璃工藝類似，似屬傳入的舶來品或中原玻璃藝匠仿製而成。	1.河南鄭州二里崗墓　2.河南輝鄉固圍村戰國墓　3.河南固始縣侯古堆墓　4.河南洛陽中州戰國墓　5.陝西咸陽黃家溝戰國墓 6.陝西臨潼九里楚墓 7.山東臨淄郎家莊一號墓 8.湖北江陵馬山一號楚墓 9.湖北隨州擂鼓墩曾侯乙墓 10.湖南湘鄉牛形山墓　11.湖南長沙龍洞楚墓 12.湖南衡陽公形山楚墓 13.四川青川戰國墓 14.山西長治分水嶺 270 號墓　15.湖南資興舊市戰國墓
	★4.玻璃片塊	金屬帶鉤或劍上所鑲嵌的玻璃板塊，呈藍色，半透明狀，表面光滑平整，質地純淨。	河北唐山賈各莊戰國墓
	★5.玻璃印章	出現於戰國中期。	1.四川鍵爲五聯金井戰國晚期墓。　2.湖南長沙、左家塘 41 號戰國中期墓
	★6.仿玉玻璃器	仿玉特點突出，光潔度較好，工藝水準昇高。	河南、湖北、湖南、山東、陝西、四川、雲南、甘肅、安徽、遼寧 、 廣東等地區墓葬或遺址。
	★7.玻璃璧、玻璃環	1.戰國早期，璧小而薄，有谷紋、雲紋，紋路大而稀疏。2.戰國晚期，璧的形別逐漸變大，而好徑則相對減少。紋路有谷紋、雲紋等。	1.湖南長沙、楊家山第 18 墓 2.湖南資興舊市戰國墓 3.湖南衡陽公行山戰國墓 4.湖南常德德山楚墓 5.湖南瀏陽西洋山戰國墓 6.湖南株江市洋屋嶺楚墓 7.湖南常德德山楚墓。　8.福建閩侯莊邊山古墓 9.河北石家莊市市壓村遺址
	★8.玻璃劍飾	1.出現於戰國中期，盛行於戰國晚期到西漢。	1.湖南長沙黑石頭戰國墓 2.湖南益陽新橋河楚墓

		2.戰國中期紋飾多屬谷紋及雲紋。	3.湖南湘鄉新坳太乙塘楚墓
		3.戰國晚期則有柿蒂紋飾、蟠螭紋及獸面紋。	4.安徽壽縣戰國墓
	★9.玻璃帶鉤	1.仿玉器的陪葬品	河南輝縣固圍村戰國墓
	★10.玻璃九竅飾	1.仿玉器的陪葬品	
西漢—東漢		兩漢時期玻璃器風格與戰國時期相近,器型則趨於多樣化。	除戰國時期出土地點外,另有江蘇揚州、河北滿城,廣西昭平、廣西合浦及甘肅酒泉等地。
	1.蜻蜓眼珠	只有在西漢出現	1.廣西合浦廉州爆竹廠1號墓西漢墓 2.西川冬笋壩的船棺葬 3.四川奉節風箱峽的崖棺葬 4.廣州黃花崗3號墓
	2.玻璃珠	單色球狀無紋飾	1.江蘇徐州北洞山西漢楚墓 2.內蒙古蒙自治區準噶爾旗西溝畔四號墓 3.廣西昭平東漢墓 4.廣東佛山瀾石東漢墓 5.廣東南海平丼馬祠堂山東漢墓
	3.玻璃璧	1.器型較戰國時期大 2.屬谷紋及蟠螭紋 3.成分屬鉛鋇玻璃 4.隨著禮制的衰退,玻璃逐漸減少,至東漢時期已告消失。	1.廣州第1101號西漢墓 2.陝西興平縣茂陵漢墓 3.河北滿城漢墓
	★4.耳璫	1.出現於西漢,消失於東漢後期。 2.呈喇叭形、腰鼓形或葫蘆形。	1.遼寧撫順蓮花堡遺址 2.河南洛陽燒溝東漢墓
	★5.帶鉤	勾形較小,深綠色。	廣州市淘金坑西漢墓
	★6.玻璃蟬	完整的蟬形,有陰線作裝飾紋。	
	★7.玻璃衣片	有素片與蟠螭紋片兩類型	1.江蘇邗江縣西漢「妾莫書」木槨墓 2.江蘇甘泉山西漢貴族墓 3.江蘇揚州市寶女墩漢墓
	★8.雞心珮	中間空心,邊緣鏤雕紋飾。	
	★9.握豬、龜形器	屬仿玉器物的陪葬品	

	★10.玻璃碗、耳杯及盤等容器	出現托盤，由單純的珠、管類型發展到觀賞的容器。	1.河北滿城中山靖王劉勝西漢墓　2.廣西壯族貴縣火車站　3.廣西合浦風門嶺東漢墓　4.江蘇邗江甘泉山西漢墓　5.廣州市橫枝崗西漢墓　6.洛陽市東郊東漢墓
	11.玻璃矛	淺綠色，半透明琢磨而成	湖南長沙湖橋西漢墓
三國—魏晉—南北朝		這時期玻璃器物主要特徵： 1.為玻璃器型的一大轉折期。異域味加重，器物厚至薄，透明度變得較好。 2.顏色以天藍色、淡綠色與黃綠色為主。 3.屬鈉鈣玻璃（自西亞傳入的器物）、高鉛玻璃或為鈉玻璃。 4.在造型上表現出傳統的中國特色及吸收外來文化的優點。	
	1.玻璃珠，仿玉器物等	部分仍流行於三國時代與兩晉時期	
	★2.玻璃瓶、玻璃杯、玻璃鉢、玻璃注、玻璃板等生活陳設品	1.除傳統模鑄製造技術外，亦開始出現吹製技術。 2.成分由鉛鋇玻璃轉變成鈉鈣玻璃	1.遼寧北票北燕馮素弗墓　2.河北景縣北魏封氏墓　3.河北定縣城內北魏石函　4.北京八寶山晉墓　5.南京石門坎六朝早期墓
	3.玻璃鏡片		安徽曹操宗族墓
	★4.國外輸入的玻璃杯，碗，鉢等（薩珊玻璃）	1.在造型和顏色上有著外來文化的特點，一直持續到遼金時代。 2.波斯等地風格濃厚，作品亮麗多姿。	1.南京大學北園東晉墓　2.南京象山東晉墓　3.南京幕府山七號東晉墓　4.北京西郊西晉華芳墓　5.湖北鄂城五里墩西晉墓磨花玻璃殘片　6.寧夏固原北周李賢夫婦古墓　7.河北定北魏塔基　8.河北景縣封氏墓9.山西大同北魏墓10.西安

			市內隋代舍利墓 11.新疆樓蘭五—六世紀墓葬
隋代	1.玻璃杯、瓶及茶具等	以陳設及生活用品為主	1.陝西西安李靜訓隋墓 2.陝西耀縣照余公社寺石涵
	★2.玻璃戒指、手鐲及卵形器等	1.流行於隋代，以吹製法製成。 2.卵形器作橢圓形狀，壁薄如紙。	1.戒指出土於湖南長沙市隋墓
唐代		繼承隋代的風格，器型無顯著變化，但數量則超過隋代，種類也增加。玻璃器物成分屬鉛玻璃或為鈉玻璃。	
	1.玻璃珠	呈稜形、扁圓形等。	1.陝西西安南郊何家村唐代窖藏　2.陝西臨潼慶山寺舍利塔基　3.甘肅涇川縣及黑龍江寧安等地唐墓葬
	★2.玻璃果	新增器物，大小如雞蛋，一孔相穿，壁薄。	陝西臨潼慶山寺舍利塔基
	★3.玻璃帶板	體大且厚實，器型如同一時期金屬帶板，一直延續到明代。	1.陝西西安東郊隋清禪寺舍利墓　2.湖北鄖縣唐代李泰墓
	★4.玻璃空心球及佛像	漢名「空心球」又稱「阿那含果」，為「不還」之意。	陝西臨潼慶山寺舍利塔精室
	5.玻璃茶碗瓶，舍利瓶和茶托	供作茶道及酒具等日常生活用品	1.河南洛陽河西唐墓出土磨花玻璃碗　2.陝西源縣唐代李壽墓　3.湖北鄖縣唐代李泰墓 4.甘肅涇川縣唐代搭基　5.陝西西安東郊唐代塔基　6.黑龍江寧安縣渤海國都上京龍泉寺遺址
五代宋遼金西夏		1.紋飾多樣化，有花鳥、人物、山水和幾何紋等。 2.玻璃工藝維持在唐代的水準，玻璃器小巧精緻，色彩豐富，梳妝用的髮簪和耳飾等開始流行。 3.高鉛玻璃和鉀鈉玻璃。	

	1.玻璃珠、杯、葫蘆瓶及佛手瓜形器等	玻璃瓶器形開始變化，有葫蘆形及佛手瓜，形體不大，器壁較薄，顏色有涅白、淡青及黃綠等。	1.遼寧朝陽市姑營子耿延毅遼墓　2.遼寧市朝陽市北搭天宮　3.天津薊縣獨樂寺白搭　4.內蒙 古奈曼族遼代陳國 公主墓　5.河北定縣天寧寺凌宵塔南宋地宮　6.浙江寧波市南宋天封搭　7.河北定縣北宋淨眾院塔基　8.河北定縣6號塔基（花口瓶）　9.安徽無爲北宋塔基　10.甘肅靈台北宋舍利右函　11.浙江瑞安北宋慧光塔基　12.遼寧北票北燕時期馮素弗墓　13.江蘇武進寺墩宋代遺址　14.江蘇連雲港市海清寺　15.河南密縣北宋塔基
	★2.玻璃簪、釵、手鐲等	1.流行婦女首飾及髮飾品 2.玻璃手鐲出現於金墓 3.玻璃簪、釵出土於宋墓，除了無色透明外，亦有些呈乳白或天藍色。	1.江西南豐桑田宋墓　2.江西臨川南宋墓　3.浙江省衢州南宋墓4.河南密縣北宋塔基（佛手）　5.福建南平大鳳宋墓 6.遼寧鞍山陶官氏金代住宅遺址
	★3.花片	1.遼人創造一種非常獨特、集中原與西域特色於一體的花片飾，以各種花卉圖案爲主。 2.持續到明代仍流行	浙江衢州南宋史繩祖墓
	★4.玻璃帶板及帶銙等仿玉器物	宋人受崇古風氣影響，仿玉器的玻璃飾品甚爲流行。	遼寧義縣清河門西山村蕭相公族墓
	5.玻璃盤等		1.遼寧法庫葉茂台遼七號墓 2.河北定縣5號塔基 3.河北定縣靜志寺塔基
元代		元代出土玻璃器和傳世物較少。玻璃器品以婦女頭飾爲主。	
	1.玻璃圭	涅白色，胎色灰白，質較粗劣，長條形，無紋飾。	1.甘肅潼縣汪世顯家族墓 2.江蘇蘇州張士誠母曹氏墓

	2.玻璃珠	撚絲法製造，形如流水狀，並帶有韻律味的特色。	
	★3.玻璃蓮花蓋托等玻璃器	1.分蓋和托兩部分，通體普藍色，半透明。整器仿如盛開的蓮花。 2.蓮花是元、明、清時期流行的紋樣。	1.甘肅漳縣汪世顯家族墓
	★4.爐頂	仿玉器雕製，鏤空成形。	
明代	1.玻璃珠、髮簪、杯盤和碗等	明代對玻璃器的製造，較受官方重視，但產量有限。 以山東博山顏神鎮爲基地進行生產。	1.成都梁家巷的玻璃珠 2.山東梁山玻璃杯 3.北京護國寺西舍利塔 4.北京天寧寺玻璃碗盤
	2.玻璃帶板	官方與民間均流行使用。點翠帶板亦相繼問世。	江蘇揚州市梅花嶺史可法衣冠塚
清代		玻璃器迥異於前面各朝代，數量很多。玻璃光澤、色彩質地有瓷化特質，爲全世界所獨有。雞油黃等上乘套料製品亦相繼問世。 1.清康熙年間成立皇家養心殿造辦處，引進西方玻璃技術，並首創「套料」的技藝，跳脫以往的形別：工藝則有套彩、刻花、磨花及刻款等。顏色豐麗，爲清代獨有的藝術形式。 2.雍正時期的玻璃色彩更豐富，純度高，有「雍正年制」楷書款，乾隆年間則爲極盛期，有「乾隆年制」楷書款。 3.乾隆以降之中晚期因國力日衰，玻璃器品拙劣，工藝粗糙，與清三代的玻璃不可同日而語。	1.康熙三十五年設養心殿造辦處玻璃廠 2.北京、博山、廣州是清宮養心殿造辦處之外的三大玻璃製作中心 3.承德避暑山莊
	1.仿古劍飾、璧及耳瑞等玻璃器	仿古製品又告出現，而且製作非常精細。	
	2.玻璃水丞、魚缸、	採係兼併玉器、瓷器等各類工藝品	

	筆筒等	的優秀器型，創造出全新的玻璃形別。
	3.青帘、罐盒、屏風、華燈、果山、棋子、風鈴、念珠、壺頂、簪、珥環、葫蘆、佛服、火珠、硯滴、泡燈、響器、斑指及渣斗等	1.係博山顏神鎮和北京養心殿造辦處玻璃生產中心所推出，屬小件的玻璃飾品。 2.攪胎裝飾技藝出現。它是用兩種以上顏色料絞擰一起，形成有層次的螺旋紋，分單色與多色攪料等品種。 3.顏色有單色、複色及多色等不一而足，諸如白、黑、鵝黃、映青、牙白、淺黃、藍、紫紅、粉紅、枯黃、深藍、淺藍、乳黃、淺粉紅、淺紅綠、碧綠、玫瑰、紅紫灰、藍綠色等。
	★4.鼻煙壺	鼻煙是種煙草品，明代傳入中國。養心殿造辦處用琺瑯、玻璃等材料製造，品樣繁多。
	5.玻璃容器及實用品	廣州生產中以心為基地，自西方傳入技術。
	★6.金星玻璃	以山東博山玻璃廠為生產基地，盛行於乾隆時期。

附表二

年代（朝代）	內 容 簡 述
西元 3200 年前	由於冶金技術的進展，學會用綠松石鑲嵌，拿朱砂做彩繪，以及對玉石的愛好和能正確掌握矽化物燒造的技術，中國工匠可能燒出近乎玻璃的珠子。
西周中期（西元 2880 年前）	婦女頸飾已發現人造染色玉石。
春秋（西元 2400 年前）	由於鐵的發現和鐵工具的廣泛使用，以及銀的提煉成功和對鎏金、鎏銀技術的掌握，使得細金工鑲嵌和雕琢藝術達到高度的水平。在這時期的墓葬中已發現各種品質、花紋精美的珠子式、管狀式、單色或彩色玻璃產品。這些玻璃產品分別出土於西安、河南的洛陽、輝縣、壽縣及長沙等地。 1.單色：計有豆綠、明藍、乳白、水青等式。 2.複色：其加工較複雜，品質精美，常和金銀細工結合青銅鏡子，做其主要部分的嵌鑲用，或與雕玉共嵌於金銀帶鉤，或單獨嵌於帶鉤上，亦有嵌在漆器鎏金銅足上者。 3.棕色陶製球上加彩釉，再繪粉藍、銀、白、淺彩的。其珠形有管子式、棗核式、多面球形、圓球形等。
戰國—漢代	1.戰國時期玻璃器物有仿羊脂玉之璧璜、劍飾及漆鞘之裝飾品。西漢則有鼻塞、耳璫等喇叭花式管狀之飾品（或稱串珠之一部分）。這時期複色彩料珠已較少見，大都是綠藍水青單色料珠。 2.漢代流行在死者口中含著的白琉璃蟬。廣東東漢墓發現琉璃碗。 3.從魏晉時人所作《西京雜記》、《漢武故事》、《飛燕外傳》、三國《胡綜別傳》等名著中，可知早從西漢晚到三國，人們便已使用大片板狀琉璃作屏風，屏風約 2 尺到 3 尺見方。 ※沈氏評註： 　　　　比較肯定的說，中國土匠製造玻璃的技術，由顆粒裝飾發展而成的小件雕刻品，最晚在 2200 年前之戰國末期便已告完成，而進一步展成日用飲食器物，也在 2000 年前的西漢時期。以往中國歷史學者受「中國文化西來說」之影響，認爲中國玻璃和陶器上釉的技術都是外來物，而且時間還晚到漢魏時期。然而，近年來晚周及漢代早期大量精美玻璃實物的出土，已證明舊說見解實不正確。

魏晉南北朝	1.長江以北
	由於北方戰亂劇烈，導致玻璃技術失傳。一直到拓跋氏統一北方後，玻璃又告恢復生產。「北史」記載太武時天竺國人商販燒五色琉璃，光色映澈，觀者莫不驚駭。自此中國玻璃遂賤，人不復珍之。
	2.長江以南
	1.河北景縣封姓古墓出土二隻玻璃碗。一藍色，一綠色。晉人稱之為「雲母碗」（服長生藥所用）。
	2.玻璃燒製不敵青釉瓷，造紙及薄絲綢。
	3.這時期的佛教興盛，佛像以土木雕塑，再用各種珠玉寶石、琉璃瓔珞裝飾。從現存洞窟壁畫裝飾如華蓋、藻井之邊沿流蘇來看，可知當時玻璃使用之概況。
隋代	史誌記載：各色琉璃用於畫卷軸之軸頭。在隋遺錄中所提及的「宮中明月珠」，可能是一種白色大琉璃燈。
唐代	琉璃製作有了新發展，專設冶局生產全國廟宇裝飾佛像所需的琉璃。日用琉璃品也日益增多。但是大件玻璃瓶盤似不多見。小件玻璃如天寶年間平民嫁女已普遍使用琉璃頭飾。
宋代	已有史誌記載用玻璃瓶貯藏猛火油及外來的薔薇露。可見中國藝匠還不熟悉如何掌握玻璃器燒造的技術。

此表參考沈從文著《玻璃工藝史》

參考資料

● 大陸部分：

1. 齊東方：〈中國古玻璃概說〉1998 年
2. 齊東方：中國出土的波斯薩珊凸出圓紋切子裝飾玻璃器／The Journal of Institute of Asia Studies, Vol. 16, Tokyo, Japan／1995
3. 安家瑤：蜻蜓眼──中國玻璃的起源／香港文匯報中國文物副刊／1994 年 7 月
4. 安家瑤：鑲嵌玻璃珠的傳入與發展／烏魯木齊國際討論會／1990 年 8 月
5. 安家瑤：中國的早期玻璃器皿／考古學報 1994 年第 1 期
6. 安家瑤：Dated Islamic Glass In China／大英博物館 Bulletin of the Asia Institute ／1991 年第 5 期
7. 楊伯達：金銀玻璃琺瑯器概述／中國美術全集／1987 年
8. 楊伯達：關於中國古玻璃史研究的幾個問題／文物／1979 年第 5 期
9. 馮乃恩：古玻璃鑒賞與收藏／吉林科學技術出版社／1996 年
10. 沈從文：花花朵朵，罈罈罐罐／文物與藝術研究文集／1960 年
11. 張福康・程朱海：中國古玻璃的研究／硅酸鹽學報／第 11 卷 1 期／1983 年
12. 程朱海：試探中國古代玻璃的發展／硅酸鹽學報／第 9 卷 1 期／1981 年
13. 于福喜・黃振發：中國古代玻璃的起源問題／硅酸鹽學報／第 6 卷 1 期／1978 年
14. 高至善：論春秋戰國的玻璃器及有關問題／1984 年北京國際玻璃學術討論會論文集
15. 高至善：從長沙楚墓看春秋戰國時期當地經濟文化的發展／中國考古學會第二次年會論文集
16. 范世民・周寶中：館藏部份玻璃製品的研究，兼談玻璃史的若干問題／中國歷史博物館刊 ／1983 年第 5 期
17. 黃能馥・陳娟娟編著：中國服裝史／中國旅遊出版社／1995 年
18. 黃啟善：中國古玻璃研究／中國建築工業出版社／1985 年
19. 黃啟善：廣西古代玻璃製品的發現及其研究／考古／1988 年第 3 期
20. 周連寬・張榮芳：漢代中國與東南亞國家的海上交通和貿易關係／文史第 9 輯
21. 林蔚文：先秦秦漢與中國海外玻璃的輸入／福建省博物館
22. 崔墨林：吳王夫差劍的研究／中原文物／1981 年特刊
23. 麥銀德：徐州發現一批重要玻璃器／東南文化／1990 年第 1 期
24. 關善明：玦、瑱、珥璫──古代耳飾名稱考實／洛陽傳世古玉研討會／1996 年 6 月
25. 應平：蝕化玻璃珠考略／四川文物／1991 年 2 月

26. 廣州漢墓／廣州文物管理委員會／文物出版社／1981 年

27. 湖北江陵三座楚墓出土大批重要文物／文物／1966 年第 5 期

28. 河南淮陽平糧台十六號楚墓／河南省文物研究所／文物／1984 年第 10 期

29. 江陵兩台山楚墓／湖北省荊州博物館／文物出版社／1980 年

30. 江陵馬山一號楚墓／湖北省荊州博物館／文物出版社／1985 年

31. 曾侯乙墓／湖北省博物館／文物出版社／1989 年

32. 長沙馬王堆一號漢墓／湖南省博物館／文物出版社／1975 年

33. 法門寺／法門寺博物館／陝西旅遊出版社／1994 年

34. 徐州石橋漢墓清理報告／徐州博物館／文物／1984 年第 11 期

35. 山東臨淄郎家莊一號東周殉人墓／山東博物館／考古學報第 1 期

36. 山東曲阜魯國故城／山東省文物考古研究社／齊魯書社／1982 年

37. 四川健為縣巴蜀土坑墓／四川省博物館／考古／1983 年 9 期

● 台灣部分：

38. 林保堯：中國玻璃藝術／台灣省教育廳出版／1986 年

39. 張臨生：琉璃工藝面面觀／台北故宮文物／1986 年第 58 期

40. 劉良佑：擬珠似玉的戰國兩漢琉璃陶與料器／台北故宮文物／1986 年第 42 期

41. 陳奇祿：台灣排灣族群的古琉璃珠及其年代推測／考古人類學刊第 28 期

42. 許美智：排灣族的琉璃珠／稻香原住民叢書／1992 年

● 國外部分：

43. 土屋良雄：中國清朝玻璃／1989 年

44. 由水常雄等著：東洋の玻璃／三彩社／1997 年

45. 由水常雄：蜻蜓玉／1989 年

46. 地下宮殿の遺寶／中國河北省定州北宋塔期出土文物展／日本大阪・出光美術出版社／
    1997 年

47. 中國玻璃／日本町田市立博物館／大塚巧藝社／1992 年 9 月

48. 東西古代玻璃／日本奈良天理大學附屬參考館／1992 年 9 月

49. 玻璃二千年物語／石川縣能登玻璃美術館／1993 年

50. 布列爾（R. H. Brill）：一批早期中國玻璃的化學分析／1984 年國際玻璃學術討論會論文集

感謝的人

此書之完成，特別感謝齊東方先生、安家瑤女士、李知晏先生及徐盼蘋小姐的鼎力協助。

齊東方先生簡介：

北京大學考古系「漢唐考古」、「中西交通考古」副教授，負責撰寫「中國大百科」中國玻璃章節（尚未出版），長年研究中國金銀器及玻璃器，為此領域之知名學者。

安家瑤女士簡介：

中國社會科學院考古研究所研究員，西安研究室主任兼西安唐城考古隊隊長，1998年起擔任中國中央政協委員，其研究論文曾被大英博物館轉載出版，為知名之中國玻璃研究學者。

李知晏先生簡介：

北京歷史博物館資深研究員，北京大學考古系研究生指導教授，著作等身，為中外馳名之陶瓷專家。

作者簡介

韓韓（駱元元）

1948　北京出生，台灣長大

1982　以「我們只有一個地球」專欄得到報導文學類金鼎獎

　　　是最早致力於台灣自然保育的作家

1983　創辦「大自然」季刊，並獲金鼎獎之最佳主編獎

著作

1980　有女懷鄉

1983　我們只有一個地球

1988　在我們土地上

1988　觀鳥

1993　我們只有一條長江

　　　作品「植物園在你身邊」入選為國中一年級國文教材

：國家圖書館出版品預行編目資料

中國古玻璃＝Chinese Antique Glass
／韓韓著，──初版，──臺北市：藝術家，
1998〔民 87〕　面；公分（文物生活系列；1）
參考書目：面

ISBN 957-8273-02-9（平裝）

1.玻璃 - 古物　　2.考古

796.93　　　　　　　　　　　　87009815

文物生活系列 1

中國古玻璃

Chinese Antique Glass

韓　韓▲著

發 行 人　何政廣
主　　編　王庭玫
編　　輯　魏伶容、林毓茹
版型設計　王庭玫
美術編輯　柯美麗、張嘉慧
攝　　影　王露、馬曉旋
出 版 者　藝術家出版社
　　　　　台北市重慶南路一段 147 號 6 樓
　　　　　TEL：（02）23719692~3
　　　　　FAX：（02）23317096
　　　　　郵政劃撥：0104479-8 號帳戶

總 經 銷　時報文化出版企業股份有限公司
　　　　　桃園市龜山區萬壽路二段351號
　　　　　TEL:（02）2306-6842
南部區域代理　吳忠南
　　　　　台南市西門路一段223巷10弄26號
　　　　　TEL:（06）2617268
　　　　　FAX:（06）2637698

印　　刷　紅藍彩色印刷有限公司
初　　版　中華民國 87 年（1998 年）9 月
二　　版　中華民國 89 年（2000 年）10 月
定　　價　台幣 480 元

ISBN　957-8273-02-9
法律顧問　蕭雄淋
版權所有・不准翻印
行政院新聞局出版事業登記證局版台業字第 1749 號